COLLECTION
ROLF HEYNE

WOLFRAM SIEBECK

DIE WEINSTUBEN DES ELSASS

Mit 40 Rezepten
und 160 Fotos von Armin Faber

WILHELM HEYNE VERLAG MÜNCHEN

4. Auflage

Copyright © 1991 by Wilhelm Heyne Verlag
GmbH & Co. KG, München
Copyright © der Rezepte: Éditions Mame, Paris
Schutzumschlag und graphische Gestaltung: Art & Design, Norbert Härtl, München
Kartographie: Gert Oberländer, München
Satz: Gloor Satz Repro GmbH, München
Repro: RMO Druck, München
Druck und Bindung: Grafedit S. p. A., Bergamo
Printed in Italy

ISBN 3-453-04775-3

Inhalt

Raymond E. Waydelich,
meinem elsässischen Pfadfinder
gewidmet.

In den Weinbergen von Rohrschwihr.

Im Elsaß, wo sonst

Die elsässische Gastronomie hat einen verdient hohen Ruf; nicht wenige Experten halten sie für die beste Frankreichs. Für deutsche Feinschmecker ist sie in jedem Fall von großer Wichtigkeit. So dicht vor unserer Haustür und mit Rezepten und Zubereitungsmethoden ausgestattet, die der deutschen

Die richtige Würze für eine traditionelle und weltberühmte Elsässer Spezialität: das Sauerkraut.

Küche sehr verwandt (wenn auch nicht vertraut) sind, fällt es dem Kulinar-Novizen hier am leichtesten, die Wonnen der Sahnesaucen, der zarten Fischfilets und Schneckentöpfe, die Hühnerragouts, Hasenrücken, Fasanenbrüste sowie all die anderen Delikatessen, welche das Leben ja nicht unerheblich verschönern, zu entdecken und ihnen zu verfallen. Gugelhupf und Gewürztraminer, diese geniale Kombination; die Deftigkeiten vom Schwein; die Zwiebelkuchen und Gänseleberterrinen; Fischgulasch, Spätzle und, natürlich, das traditionelle Sauerkraut – das alles sind Namen und Begriffe, die in deutschen Ohren längst nicht so exotisch klingen wie *Bouillabaisse, Andouillette* und *Cassoulet.* Es weht ein Duft von Heimat durch die elsässischen Küchen, und am vertrautesten ist er dort, wo die Kochkunst sich auf das Bodenständige beschränkt, auf Hausmannskost also: bürgerliche Küche.

Exemplarisch dafür sind die *Winstubn*. Darunter sind kleine Kneipen zu verstehen, die durchgehend geöffnet haben, wo ausschließlich regionale Spezialitäten gekocht werden und der Wein in Viertelliterkrügen ausgeschenkt wird. Elsässische Weinstuben sind so typisch für das Land zwischen Straßburg und Mulhouse, wie Bierkeller für München typisch sind. Nur einen Nachteil haben diese traditionellen Gaststuben: Wie alles Traditionelle sterben sie aus. Mit strengen Maßstäben gemessen, gibt es gerade noch ein gutes Dutzend dieser menschenfreundlichen Institutionen, mehr nicht. Personalmangel vor allem, aber auch die fehlende Zeit (fehlende Muße wäre richtiger; denn Zeit ist ja da, mehr denn je, nur wird sie anders verplant) haben dazu geführt, daß die besinnlichen Stunden am Nachmittag mit dem Schoppen Wein und dem Zwiebelkuchen im Alltag der Elsässer eine immer geringere Rolle spielen.

Die schwindende Vielfalt in der Gastronomie, die Verarmung bei den Rezepten und deren Konfektionierung sind eine überregionale Erscheinung, die wir als Preis für unsere Sonderangebots-Mentalität überall zu zahlen haben, also auch im Elsaß. Es wäre naiv anzunehmen, in den unzähligen Kleinrestaurants und Weinstuben westlich des Oberrheins ginge es anders zu als, sagen wir, in Paris, in Tirol oder in Bayern.

Allerdings sind die erfreulichen Ausnahmen zahlreicher. Von denen soll hier berichtet werden. Sie herauszufinden war nicht leicht, und mehr, als auf den folgenden Seiten versammelt sind, wird auch der neugierigste Gourmet kaum entdecken. (Noch einmal: Die ambitionierte Feinschmecker-Gastronomie habe ich nicht berücksichtigt!)

Bei den folgenden Kleingaststätten wurde der Kreis der Weinstuben notwendigerweise ausgedehnt auch auf solche, die am Nachmittag die Türen schließen (es sind die meisten), sofern dort wenigstens in der Küche die alten Traditionen hochgehalten werden.

Wenn für gewisse elsässische Spezialitäten (z. B. Baeckeoffe) verschiedene Schreibweisen benutzt werden, so deshalb, weil ich die in der jeweiligen Winstub übliche übernommen habe.

Elsass

10 Kilometer

Saverne

Canal de la Marne au Rhin

Brumath

F r a n k r e i c h

Zorn

s

STRASBOURG

Kehl

Donon
▲
1009

Molsheim

s

Blaesheim

Fegersheim

Rhein

Ottrott

Mont-
Ste Odile

Obernai

Champ du Feu
▲
1099

Barr

Chau-du Ht.
Andlau
Andlau

Mittelbergheim

a

Erstein

Osthouse

Dambach
la-Ville

s

s

Canal du Rhône au Rhin

Rhein

Ste Marie-
aux Mines

Hochfelsen   Haut
▲ Koenigsbourg
949   ■
      755

Sélestat

I

Kintzheim

Ribeauvillé

Bergheim

Riquewihr

Ostheim

Deutschland

Kientzheim

Niedermorschwihr

Turckheim

Colmar

E

Kaiserstuhl
▲
557

v

Munster

Eguisheim

Breisach

FREIBURG

© Gert Oberländer, München

Genießen zwischen Straßburg und Mulhouse

In diesen Winstubn und Restaurants ist die traditionelle Elsässer Küche zu Hause:

Andlau	Val d'Eleon
Bergheim	Wistub du Sommelier
Blaesheim	Restaurant Schadt
Colmar	Au Chasseur
	S' Parisser Stewwele
Dambach-la-Ville	Caveau Nartz
Eguisheim	Le Caveau d'Eguisheim
Fegersheim	Kunsthafe
Kientzheim	Irrmann's Stub
Kintzheim	Auberge Saint-Martin
	Aux deux Clefs
Mittelbergheim	Winstub Gilg
Molsheim	Auberge du Cheval Blanc
Niedermorschwihr	Caveau Morakopf
Obernai	L'Agneau d'Or
Ostheim	Au Nid de Cigognes
Osthouse	A L'Aigle d'Or
Ottrott	A l'Ami Fritz
Ribeauvillé	L'Arbalète
	Wistub zum Pfifferhüs
Riquewihr	L'Arbalétrier
Saverne	Taverne Katz
Sélestat	Auberge des Allies
Straßburg	La Coccinelle
	Hailich Graab
	Muensterstuewel
	Au Pont Corbeau
	Strissel
	Au Tire Bouchon
	Zuem Ysehuet
	Chez Yvonne
	D'Zehnerglock
Turckheim	Caveau du Vigneron

11

Die Bewertungen der Winstubn

KÜCHE

* einfache Küche mit einem Standardangebot.

❋ ❋ ordentliche Küche mit Schwankungen
nach oben und unten.

❋ ❋ ❋ deutlich über dem Durchschnitt, kleine
Schwächen möglich.

❋ ❋ ❋ ❋ erstklassige Winstub-Küche, manchmal
in Gourmet-Bereiche vordringend.

AMBIENTE

* schlicht und schmucklos.

❋ ❋ gemischt folkloristisch, bunt oder banal.

❋ ❋ ❋ authentische Details der traditionellen
Winstub-Folklore.

❋ ❋ ❋ ❋ Bilderbuch-Folklore oder gepflegte
Restaurantatmosphäre.

VAL D'ELEON

Andlau, Telefon 88 08 93 23

Montag geschlossen

KÜCHE

✻ ✻ ✻

AMBIENTE

✻ ✻ ✻ ✻

Andlau ist ein Winzerdorf par excellence, mit allem, was dazugehört: schöne Renaissance- und Barockfassaden, krumme Gassen, Kopfsteinpflaster, herrliche Innenhöfe und Rebhänge direkt hinter den Häusern an den steilen Ausläufern der Vogesen. Da der Ort etwas versteckt liegt, wirkt sich der Wein-Tourismus hier weniger heftig aus als weiter südlich zwischen Sélestat und Colmar. Dabei markiert Andlau an der elsässischen Weinstraße einen wichtigen Punkt. Die dortigen Winzer

Monsieur und Madame Philippe haben eine romantische Winstub kreiert, die in jeder Hinsicht wohltuend aus dem Rahmen fällt.

waren es, die darauf drangen, daß im Elsaß Grand-Cru-Lagen eingeführt wurden wie in Burgund. Damit werden jene Lagen bezeichnet, die die jeweils besten Weine hervorbringen. Das erleichtert dem Konsumenten die Orientierung und den Winzern den Verkauf. Von insgesamt nur fünfundvierzig Grand-Cru-Lagen im gesamten Elsaß besitzt Andlau mit seinen Schieferböden allein deren drei.

Noch jünger als diese Art der Wein-Prädikatisierung ist Andlaus beste Winstub, das »Val d'Eleon«. Dominique Philippe, ein unternehmungslustiger junger Koch, der bereits einiges von der Welt gesehen hat, ist in seine Heimat zurückgekehrt und hat in Andlau ein kleines Juwel entdeckt. Es handelt sich, wieder einmal, um ein altes Winzerhaus mit dem typischen Innenhof, der hier ziemlich klein, dafür aber allerliebst mit Blumen und anderem Grünzeug geschmückt ist.

Im Sommer wird hier an wenigen Tischen serviert, und wenn man seinen Preßkopf vor sich und den Riesling im Krug hat, kann man romantischer eigentlich nicht sitzen. Es sei denn, man sitzt im Inneren des »Val d'Eleon«. Objektiv beurteilt, ist dort alles wie gehabt: die dicken alten Balken, die verspielten Dekora-

In dieser guten Stube eines alten Winzerhauses denkt kein Gast so schnell ans Weggehen.

tionen mit den bunten Tellern und rostigen Bügeleisen; die Theke, hinter der Madame Philippe werkelt; sowie unförmige Blasinstrumente unter der Decke. (Zuerst waren es drei, jetzt hängt dort nur noch ein Tuba-ähnliches Monstrum.) Stilrein ist das wirklich nicht, die mit Stoff bespannten Wände sind es schon gar nicht. Dennoch – hier fühlt man sich wohl wie sonst selten. Es muß etwas mit dem Schnitt und der Aufteilung des Raums zu tun haben, mit der Anordnung der Tische. Jedenfalls sitze ich hier gern und denke nicht ans Weggehen.

Dies schöne Gefühl wird unterstützt durch die Qualität der Küche des Monsieur Philippe (sowie durch die Gewißheit, daß man ungewöhnlich preiswert speisen wird). Da ist zuerst einmal

Andlau – ein Winzerdorf par excellence.

das Sauerkraut. Der Patron serviert es mit fünf Stücken von verschiedenen Fischen, was ich sogar für übertrieben halte. Aber was soll's – es schmeckt. Das Sauerkraut ist sehr fein geschnitten, weich gekocht und hat Geschmack. Dazu wird eine *Beurre blanc* (weiße Buttersauce) serviert. Das Resultat hat wohltuend wenig zu tun mit den üblichen Krautbergen und ihren Schweinefleischgipfeln. Sogar der Preßkopf fällt aus dem Rahmen, weil dazu im Extraschüsselchen eine schöne Vinaigrette serviert wird. Völlig ungewöhnlich für das Repertoire einer Winstub ist die Fischsuppe, welche mit *Rouille* (eine pfefferige Knoblauchmajonnaise) serviert wird, wie an der Côte d'Azur. Die *Quiche Lorraine* wiederum ist, wie sie sein soll.

Die Speisekarte ist kurz, Baeckeroffe steht nicht drauf, wird aber manchmal von Madame empfohlen. Dann sollte man zugreifen! Denn hier in Andlau, in dieser heimeligen Winstub, ist er weit über dem Durchschnitt, weniger weinsäuerlich, dafür aber kräftig gewürzt unter ausdrücklicher Betonung der Pfefferschärfe: Nur so kommt Farbe ins Kartoffel-Universum. Das ist so gut, daß ich großzügig über die trocken gebratene Hühnerkeule mit Spätzle (in glasierter Steingutform, welche hoffentlich bald durch eine geschmacksneutrale Form ersetzt wird) sowie die konfektionierten Desserts hinwegsehen konnte.

Die Weinkarte ist so kurz wie die Speisekarte, aber der junge Monsieur Philippe hat von allen Winzern des Ortes die besten Flaschen vorrätig. Und ein Kastelberg von Marc Kreydenweiss zum Beispiel gehört zum Besten, was das Elsaß an Rieslingen hervorbringt.

WISTUB DU SOMMELIER

Bergheim, Telefon 89 73 69 99

Geöffnet:

mittags ab 12.00 Uhr, abends ab 18.45 Uhr

Sonntag und Montag geschlossen

KÜCHE

❉ ❉ ❉

AMBIENTE

❉ ❉

Der Name dieser Weinstube ist ein Programm, gleichzeitig hat er einen realen Hintergrund: Jean-Marie Stoeckel, der Patron, war jahrelang Sommelier in den beiden Spitzenrestaurants des Elsaß, in der »Auberge de l'Ill« in Illhaeusern und im »Crocodile« in Straßburg. Also wird man es mit Fassung ertragen, daß seine Weinkarte ein Buch ist und mehr Weine verzeich-

Nur ein mächtiger Kachelofen ziert die Stube, in der sich Weinfreunde rasch wie im siebten Himmel fühlen.

net als die Karten vieler Feinschmeckerrestaurants. Und nicht nur Elsässer Weine. Was Stoeckel an roten Burgundern, Bordeaux und besseren Côte du Rhône anbietet – und zu welchen Preisen!–, das ist, gelinde gesagt, ungewöhnlich und für den Weinfreund ein Grund, dieses kleine Haus in dem hübschen Bergheim immer wieder zu besuchen.

Bergheim liegt praktisch im Zentrum der *Route du Vin.* Die großen, halbrunden Hoftore der Häuser verraten, daß sich

Das Aushängeschild des ehemaligen Sommeliers: Weine der Extraklasse.

Im Zentrum der *Route du Vin* liegt Bergheim.

dahinter ein Innenhof, also ein Winzerhaus, verbirgt. Sie sind in den letzten Jahren fast alle renoviert worden; besonders authentisch ist der Marktplatz mit seinen von Spätgotik, Renaissance und Barock geprägten Fassaden.

Die »Wistub« des Jean-Marie Stoeckel befindet sich in der Hauptstraße, erkenntlich an einer auffälligen Beschriftung unterhalb der Fenster sowie an dem etwas schrill-blau angemalten Fachwerkhaus auf der gegenüberliegenden Straßenseite. Im Eingang deutet ein mannshoher Flaschentrockner (gekrönt von einem ausgestopften Auerhahn) auf das Hauptthema des Hauses hin. Die beiden ineinander übergehenden Gaststuben mit dem beide Räume beheizenden Kachelofen sind zurückhaltend dekoriert. Nichts drängt sich auf, nichts stört den Genuß. Sogar das Wildschwein an der Wand scheint wohlwollend auf die Zecher herabzublicken. Auch die Küche tut ihr Bestes, um diesem Kleinrestaurant zu einem überregionalen Renommee zu verhelfen. Da ist vor allem die *Foie gras,* zu der man ein Glas Gewürztraminer trinken sollte, möglichst eine Spätlese. Sie ist von feiner Konsistenz und hervorragend abgeschmeckt. Auch die anderen hausgemachten Vorspeisen sind bemerkenswert. So der Preßkopf (Schweinskopfsülze), die Geflügelleberterrine und der Ochsenschwanz in Aspik. Die Hauptgerichte verraten ebenfalls große Sorgfalt bei der Zubereitung und beim Würzen. Weit entfernt von jeder Deftigkeit ist das gekochte Ochsenfleisch mit den perfekt gegarten Gemüsen (dazu grobes Meersalz und Meerrettich). Weitere Spezialitäten sind gratinierte Kutteln, Kalbskopf, Entenbrust mit karamelisiertem Weißkohl und drei verschiedene Sauerkautvariationen (mit Wurst, Fisch oder eingemachter Entenkeule).

In der »Wistub du Sommelier« werden nur zwei Käsesorten angeboten, aber beide sind nicht pasteurisiert und in Bestform: der Munster und ein Ziegenfrischkäse. Die Desserts sind mächtig und deftig. Der Schokoladentorte bekäme es besser, wenn sie nicht so eiskalt auf den Tisch käme. Aber der Genießer, der dazu einen Banyuls trinken will (ein dem Portwein ähnlicher Wein von der spanischen Grenze), kann ihn hier kriegen. Was nicht einmal bei den feinen Adressen überall möglich ist.

RESTAURANT SCHADT

Blaesheim, Telefon 88 68 86 00
Donnerstag und Sonntagabend geschlossen

KÜCHE

✻ ✻ ✻ ✻

AMBIENTE

✻ ✻ ✻

Blaesheim liegt zwanzig Autominuten südlich von Straßburg auf der Höhe von Fegersheim, nur weiter westlich. Es
ist ein unauffälliges größeres Dorf; von elsässischer Romantik
ist hier kaum etwas zu bemerken. Und das neben der Kirche
gelegene »Restaurant Schadt« ist keine Winstub. Also keine rotweiß karierte Folklore, keine Eisbein-Festspiele auf dem Sauer-
krauthügel. Andererseits existiert hier auch nicht der Drang zur
ehrgeizigen Gourmet-Küche. Das »Restaurant Schadt« reprä-
sentiert eine beruhigende Normalität, die so rar ist, daß sie
schon wieder Seltenheitswert hat. Es ist jene Normalität, die ich

**Ein Raum zum Wohlfühlen, phantasievolle regionale Spezialitäten und eine
Seele von Wirt machten das »Schadt« zum Stammlokal vieler Künstler.**

in jeder Kleinstadt zu finden hoffe. In meiner idealen kulinarischen Region gäbe es viele Philippe Schadts. Leider ist das nur
in Blaesheim der Fall.

Normalität darf man nicht mit Banalität verwechseln. Im
»Schadt« ist nichts banal. (Doch, ja, ein Wildschweinragout
kann schon mal hart sein, der Rehrücken trocken, eine Fleischpastete zu wenig gesalzen. Solche Schwächen, die anderswo
normal wären, sind hier tatsächlich ein wenig banal.) Das
Restaurant unterscheidet sich von einem durchschnittlichen
Gastronomiebetrieb zunächst einmal dadurch, daß man sich

hier pudelwohl fühlt. Es muß etwas mit der Anordnung der Tische zu tun haben, mit den vielen Fenstern und der angenehmen Beleuchtung am Abend; nicht zuletzt auch mit den Bildern an den Wänden. Dabei handelt es sich überwiegend um Originalzeichnungen von Tomi Ungerer, Raymond Waydelich, Hans-Peter Tripp und anderen im Elsaß lebenden Künstlern, für die das »Restaurant Schadt« so etwas wie eine Stammkneipe ist. Das wiederum hat mit dem Patron zu tun, mit Philippe Schadt, der ein Wirt ist wie aus dem elsässischen Bilderbuch und überhaupt – wie sagt man? – die Seele des Hauses.

Typisch für ihn: »Ich habe nur Stammgäste!« Einmalig! Seine Speisekarte ist auf den ersten Blick nicht aufregend. Da sind die üblichen Gerichte, wie man sie eigentlich überall findet. Auch die Preise sind normal – wie überall im Elsaß, wo nicht nach den Michelin-Sternen gegriffen wird. Was »Schadt« dann doch berechtigt, als typisch elsässisches Kleinrestaurant hier aufgeführt zu werden, und zwar als eines der besten dieser Kategorie, das sind die regionalen Spezialitäten. Von der in Briocheteig eingebackenen Gänseleber bis zum Baba mit einer Rhabarbersauce wird hier die elsässische Küche vorgestellt wie woanders nur selten, nämlich phantasievoll und, manchmal, fast experimentell. Letzteres trifft auf die Sauerkraut-Rösti zu, das sind

Tomi Ungerers lukullische Hommage an den Hausherrn Philippe Schadt.

27

Stammgäste schwelgen in kulinarischen Überraschungen.

geriebene rohe Kartoffeln mit Sauerkraut vermischt und in Öl ausgebacken. Eine herrliche Erfindung! Nicht weniger vorzüglich Philippe Schadts Fischteller mit drei verschiedenen Sauerkrautvariationen, alle drei herrlich – besonders die mit Safran veredelte hat es mir angetan. Oder sein Sauerkraut mit frischer Gänsekeule, die er in Riesling mariniert hat, dazu eine Meerrettichsahne! Manchmal versorgen ihn seine Freunde mit fangfrischem Hecht oder Zander, und was Philippe Schadt mit ihnen anstellt – ob mit oder ohne Sauerkraut –, ist allemal ein Genuß. Sowieso sollte man sich nicht ausschließlich auf die Speisekarte verlassen, sondern den Patron, der die Bestellungen meistens

Das liebenswürdige, professionelle Team sorgt dafür, daß jeder Gast bei »Schadt« schnell heimisch wird.

selbst aufnimmt, stets fragen, was es Besonderes gibt. Da er ein spontaner und kreativer Mensch ist, kann man bei ihm die schönsten Überraschungen erleben. Der Service, angeführt von seiner Tochter, ist sehr professionell. Auf der Weinkarte ist zwar Marc Kreydenweiss mit seinen Produkten vertreten – er ist einer der modernen jungen Winzer, deren Weine sich durch einen unüblich schlanken und frischen Charakter angenehm vom Durchschnittsangebot abheben –, insgesamt aber würde, was die Elsässer Weine angeht, ein breiter gefächertes Angebot diesem originellen Haus gut anstehen.

AU CHASSEUR

Colmar, 4, rue du Chasseur
Telefon 89 41 41 94
Sonntag und Montag geschlossen

KÜCHE

✳ ✳ ✳

AMBIENTE

✳

Colmar ist die regenärmste Stadt Frankreichs, im näheren Umkreis befinden sich die schönsten Winzerdörfer des Elsaß, ein Teil der Altstadt wird »Klein Venedig« genannt. Natürlich müßte die Aufzählung der Attraktionen mit dem Unterlinden-Museum und dem Isenheimer Altar beginnen, der von Kunsttouristen fast so enthusiastisch belagert wird wie die Mona Lisa in Paris. Die alten Teile der Innenstadt sind nach und nach in Fußgängerzonen verwandelt worden, mit allen Begleiterscheinungen, die das mit sich bringt. Also Boutiquen und Geschäfte für den gehobenen Bedarf, Straßencafés und Touristen-Trecks; die Authentizität hat sich auf die schönen Fassaden der Renaissancebauten zurückgezogen. Das Angebot an Kleinre-

Was Madame Hebting serviert, hat Monsieur in der kleinsten Küche Colmars frisch zubereitet: delikate Flußkrebse »wie bei Muttern«.

staurants ist erwartungsgemäß groß. Das kleinste unter den kleinen ist »Au Chasseur«. Die moderne Glastür am Eingang (direkt neben der place Jeanne-d'Arc) gibt zu erkennen, daß dahinter ein Winstub-Ambiente nicht zu erwarten ist. Zwar hat der winzige Gastraum (mehr als zwanzig Gäste können hier nicht sitzen) eine schöne, alte Balkendecke, aber der Rest ist neu und banal. In der Mitte des Raums steht ein Warmhalte-und-Flambier-Tisch auf Rädern, wie er gewöhnlich nur in sogenannten

Blick durch die Colmarer Altstadtgassen auf das Martinsmünster.

Lesen als ideale Einstimmung auf ein hervorragendes Essen.

besseren Gasthöfen zu finden ist. Gottlob macht er nicht den Eindruck, als würde er benutzt. Ein Hirschgeweih und eine Hellebarde wetteifern mit den Blattpflanzen auf der Fensterbank in dem Bemühen, den Gast heiter zu stimmen, was angesichts der fusseligen grünen Tischdecken nicht leicht ist. Dann kommt Madame Hebting und bringt Freundlichkeit sowie die Speisekarte an den Tisch. Letztere hat es nicht leichter als der Hirsch, besteht sie doch aus einigen Plastikhüllen, denen lediglich zu entnehmen ist, daß es ein 2-Gänge-Menü für 46 Francs gibt sowie Entenbrust (*Magret de Canard*) und Baeckeoffe. Unter den wenigen Vorspeisen sind als elsässisch nur die Froschschenkel zu identifizieren. Die Weinkarte enthält pro elsässischer Traubensorte einen Wein (das macht sechs), alle sehr preiswert. Doch es werden auch einige Bordeaux angeboten, und darunter – man glaubt zu träumen – je ein 1975er Haut-Brion und Cheval Blanc, zwei Spitzenweine aus hervorragenden Jahrgängen, beide für rund 340 Mark. Ob der Gast, der sie bestellt, wenigstens andere Gläser kriegt als die, die auf den Tischen stehen?

Eine letzte Merkwürdigkeit dieses Zwei-Personen-Stücks (Monsieur kocht, Madame serviert) sind die langen Wartezeiten. Doch die deuten schon auf einen, auf *den* großen Vorzug hin: Im »Au Chasseur« wird alles frisch hergestellt! Auf das Huhn am Spieß, das man bestellt hat, wartet man eben so lange, wie ein Huhn am Spieß braucht, um gar zu werden. Der zweite und entscheidende Vorzug dieser Mini-Winstub ist die Tatsache, daß alles ganz hervorragend schmeckt. Nicht raffiniert, nicht verfeinert. Monsieur Hebting kocht authentische Hausmannskost, aber »wie bei Muttern«. Seine Ochsenschwanzterrine allerdings könnte auch von einem Starkoch sein. Die Froschschenkel – paniert und fritiert, im Reisrand serviert – waren exzellent, und der Baeckeoffe (gibt's nur donnerstags, aber manchmal dann auch am Freitag oder am Samstag) perfekt. Sogar die Hühnerbrust mit braisiertem Kopfsalat und schönen Nudeln wäre vier Punkte wert gewesen, hätte es da nicht diese »Sauce« gegeben.

Alle Portionen reichen für zwei; die Preise sind unwiderstehlich.

Impression zwischen gestern und morgen.

'S PARISSER STEWWELE

Colmar, 4, place Jeanne-d'Arc
Telefon 89 41 42 33
nur Abendessen, Dienstag geschlossen

KÜCHE

✻ ✻ ✻

AMBIENTE

✻ ✻

Was immer sich Monsieur Brenner, der rundliche Patron dieser beliebten Winstub im Zentrum der Stadt, unter einer Pariser Stube vorstellt – für mich ähnelt das »Parisser Stewwele« eher einer Hamburger Kajüte. Die glatten, senkrechten Holzplanken an den Wänden, darauf der schmückende

Seit Jahren begeisterte Stammkunden – da strahlt auch Monsieur Brenner, lebenslustiger Patron und exzellenter Konditor von Beruf.

Krimskrams, von dem nur die gerahmten Weinetiketten etwas mit dem Elsaß zu tun haben; die vielen Lämpchen mit den vergilbten Pergamentschirmen, die beiden Ventilatoren unter der Decke, die bunte Theke im Hintergrund des Raums sowie die ordinären braunen Plastik-Sets auf den dunkel-bunten Tischdecken, das alles hat wenig mit Pariser Chic zu tun und mit ländlicher Gemütlichkeit schon gar nichts.

Der Betrieb beginnt hier erst am Nachmittag. Dann können sich die Touristen stärken, die, wie immer, am liebsten an den Tischen vor dem Haus (schmal, natürlich alt, natürlich Fachwerk) auf der Straße sitzen. Für sie stehen die üblichen Zwiebelkuchen, Fleischtorten und Wurstsalate bereit. Ab 19 Uhr beginnt der richtige Betrieb. Dann füllen sich nach und nach alle fünfundfünfzig Plätze, denn die Colmarer wissen die Küche des Monsieur Brenner zu schätzen. Nicht zuletzt auch die unter dem üblichen Niveau liegenden Preise. Jeder kennt hier jeden, und ganz zweifellos ist das »Parisser Stewwele« so etwas wie ein Treffpunkt der lokalen Prominenz. Hier geht man nicht nur wegen des Lachstatars in Olivenöl hin, hier will man auch Bekannte treffen oder einfach gesehen werden. Serviert wird bis 23 Uhr, also gehört auch ein bißchen Nachtleben zum Reiz dieser im Laufe des Abends immer lauter, immer gemütlicher werdenden Winstub.

Dabei ist die Küche allein ein Grund, hier einen Tisch zu bestellen; letzteres ist unbedingt erforderlich. (Größere Gesellschaften können in einem Faßkeller feiern.) Die wie üblich aufgewärmten Fleisch- und Zwiebeltorten sind zwar auch kaum besser als anderswo, aber der lauwarme Sauerkrautsalat mit viel Kümmel, Entenmägen und gegrillter Knack- und Blutwurst hat

Bis in die Nacht hinein genießen die Colmarer ihr »Stewwele«, das mehr mit Küche und Atmosphäre als durch Pariser Chic besticht.

einen sehr schönen Geschmack; die Heringsterrine (drei Schichten Kartoffelscheiben) mit Linsensalat wird durch einmontierten Meerrettich zum delikaten Appetitanreger. Die Kutteln (*Les Tripes au Riesling à l'Ancienne*) sind ein Muß für Kuttelfreunde: So leicht und köstlich findet man sie selten! Natürlich gibt es auch das Sauerkraut mit dem Kasseler, der Kümmelwurst und dem Speck; selbstverständlich fehlen weder der Preßkopf noch der Bibeleskas noch die Schnecken »*à l'Alsacienne*«. Und das übliche Steak ist auch vorhanden. Häufig werden Bratkartoffeln als Beilage serviert – mehlige Sorte, also etwas matschig.

Doch der Stammkunde verlangt nicht die Speisekarte, sondern informiert sich an zwei hoch aufgehängten Tafeln, welche Tagesspezialitäten es heute gibt. Und da findet man dann nicht selten kleine Genüsse, die man in einer so preiswerten Winstub nicht erwartet. Zum Beispiel eine »*Florentine de Brochet Henri Bost*«, worunter ein auf Spinat und einer Rieslingsauce gratinierter Hechtkloß zu verstehen ist. (Henri Bost, der Erfinder, war ein Kollege des Monsieur Brenner aus Andolsheim.)

Auch zwei verschiedene Terrinen vom Kaninchen bezeugen wie das erwähnte Lachstatar einen unüblichen Ehrgeiz der Küche. Sodann hängen da noch einmal zwei – kleinere – Tafeln an der Wand, die sind allein den Desserts gewidmet. Monsieur Brenner ist gelernter Konditor und hat rund fünfzig Nachspeisen im Repertoire, das er alle drei Wochen umstellt. Hier wäre Zurückhaltung ein Fehler. Seine Sahne- und Cremespeisen, sein Halbgefrorenes und die Sorbets sind hervorragend! Die Auswahl der Weine ist begrenzt. Immerhin gibt es einen im Holzfaß ausgebauten Pinot Blanc von der Domaine Wunsch & Mann in Wettolsheim, ein Verfahren, das manchen Weinen gut bekommt, im Elsaß aber allgemein nicht angewandt wird.

CAVEAU NARTZ

Dambach-la-Ville, place du Marché
Telefon 88 92 41 11
vom 19. 4. bis 30. 11. nur Samstag und Sonntag geöffnet,
im Juli und August täglich.
Im Winter geschlossen

KÜCHE

✻ ✻

AMBIENTE

✻ ✻

Dambach liegt nahe bei Sélestat in der goldenen Mitte des Elsaß. Hier ähnelt der östliche – also der zwischen der von Norden nach Süden verlaufenden Schnellstraße N 83 und dem Rhein liegende – Teil eher einer Parklandschaft denn einem landwirtschaftlich genutzten Landstrich. Und die Winzerdörfer am westlichen Rand der Rheinebene sind runder, geschlossener

Nur wenige Gäste können in den kleinen Räumen unter der holzverkleideten Balkendecke ehrliche Tropfen und echte Hausmannskost genießen.

angelegt als die Ortschaften weiter südlich. Alles zusammen erweckt den Eindruck, hier sei das Land nicht so durchrationalisiert wie in der Gegend von Colmar.

Auch Dambach ist ein Winzerdorf – und was für eines! Nicht so herausgeputzt wie andere Fachwerk-Oasen, besitzt es einen eher herben Charme. Obwohl es an freundlichen Gaststuben und Restaurants in den krummen Straßen und Gassen nicht mangelt, macht der Ort einen weniger touristischen Eindruck, was nicht zuletzt auf das Fehlen von Andenkenläden und Folklore-Boutiquen zurückzuführen ist. Eine Spur sachlicher, alltäglicher als andere Winzerdörfer ist Dambach also schon, aber auch weniger verfälscht und eben deshalb besonders sehenswert. Der »Caveau Nartz« liegt in der Ortsmitte, schräg gegenüber dem Rathaus. Es ist das schmalste Haus am Platz, erbaut Ende des 17. Jahrhunderts, und wäre endlich wieder einmal eine

Das schmalste Haus am Platz, aber eine originale Winstub ohne falsche Idylle.

Ein köstliches Stück Elsaß: hauseigener Wein und Gugelhupf.

originale Winstub, wenn die Öffnungszeiten nicht so irregulär
wären. Der Betrieb der Familie Nartz besteht aus zwei Räumen.
Da ist einmal der Keller, zu dem man einige Stufen hinabsteigen
muß, und da sind zwei kleine Räume im Hochparterre, die man
durch einen kurzen Aufstieg erreicht. Der Keller, der dem Gan-
zen seinen Namen gegeben hat, ist in der Sommersaison durchgehend geöffnet. Vierzig Personen können dort beköstigt werden. Sie sitzen auf Hockern an Fässern, was zwar für mittelalterliche Winstubn typisch gewesen mag, aber nicht sonderlich reiz-
voll ist, wenn, wie hier, die Fässer und die Hocker nagelneu und
darüber hinaus noch ziemlich scheußlich sind. Ich sitze deshalb
lieber oben. Dort habe ich über mir eine schöne alte, holzverklei-
dete Balkendecke. Der Rest ist ebenfalls neu, wenn auch weniger bunt als im Keller. Nur zweiundzwanzig Gäste haben oben
Platz, aber wenn sie alle dort sitzen und essen und trinken, spielt
das etwas banale Dekor keine Rolle mehr – es ist richtig gemütlich. Kann sein, daß zu diesem Gefühl auch der Wein beiträgt.
Ausgeschenkt werden ausschließlich eigene Weine, doch
braucht sich vor dieser Einschränkung niemand zu fürchten; sie
sind sehr angenehm. Sortentypisch, reintönig und nicht so
schwer. Vor allem Muscat, Silvaner und Gewürztraminer sollte
man probieren. Ersteren vor dem Essen mit einem Stück Kougelhopf, der zwar nicht im Haus gebacken wird, aber sehr schön
locker und kaum süß ist. (Die Weine gibt es glasweise und in ver-
schieden großen Krügen.) Eine Vorspeise, zu der der Muscat
ebenfalls paßt, sofern man nicht zum Silvaner übergeht, ist die
Zwiebeltorte. Sie ist fein gewürzt und hat, wie auch die mit
Fleisch gefüllte Pastete, nichts von der plumpen Deftigkeit, die
vielerorts als Rustikalität ausgegeben wird. Überhaupt muß ich
sagen, daß die wenigen Dinge, die auf der kleinen Speisekarte
angeboten werden (wo das Eisbein mit Kartoffelsalat sowie
überbackene Muscheln als Höhepunkte fungieren), durch eine
saubere Ausführung überzeugen. Große Ansprüche an die
Küche wird der Gast hier wohl kaum stellen, zumal die Preise
ebenso schmal sind wie das Haus Nartz insgesamt. Aber die
geglückte Kombination von hauseigenen Weinen und bescheide-
ner Hausmannskost bewirkt, daß man zufrieden die Stufen wieder hinabsteigt und sich aufs neue an der schönen Architektur
der Nachbarschaft erfreut.

LE CAVEAU D'EGUISHEIM

Eguisheim, Telefon 89 41 08 89

Dienstagabend und Mittwoch geschlossen

_____

KÜCHE

✳ ✳

_____

AMBIENTE

✳ ✳ ✳

Südlich von Colmar endet die Weinstraße; der Ort Eguisheim ist in der Reihe der malerischen Winzerdörfer das letzte. Was jedoch seinen seit dem 17. Jahrhundert fast unveränderten Ortskern angeht, gehört Eguisheim zu den Perlen des Elsaß. Ein Spaziergang vor oder nach dem Essen durch die engen Gassen, deren Häuser mit den vorgebauten oberen Etagen sich fast berühren, ist wie ein Gang durch eine Filmkulisse.

Beliebtes Souvenir vom malerischen Ende der Weinstraße: bunte Töpferarbeiten aus Eguisheim.

Darüber hinaus läßt sich erkennen, daß die Winzer hier immer schon recht wohlhabend gewesen sein müssen. Kein Wunder: Um Eguisheim herum wächst der Wein wie anderswo die Kartoffeln. Aber auch das Sauerkraut scheint hier besonders gut zu reifen. In den vielen Kneipen und Kleinrestaurants wird es als Spezialität herausgestellt. Die Wahl ist jedoch nur scheinbar schwer. Das erste Haus am Platz ist der »Caveau d'Eguisheim« am Schloßplatz. Auch in diesem Haus wurde früher Wein gekeltert. Der untere Raum ist der ehemalige Faßkeller; eine große Presse bildet dort den rustikal-dekorativen Mittelpunkt. Serviert wird normalerweise im ersten Stock. Nur im Sommer, wenn die Besucher sich in den Gassen drängen, kann man auch an den Tischen neben der Presse essen und trinken.

Im ersten Haus am Platze werden echte Raritäten ausgeschenkt.

Hinter den Fenstern des wohltuend schlichten Speiseraumes im Oberstock öffnet sich ein

...märchenhaft heiterer Ausblick.

Der obere Speiseraum ist wohltuend schlicht möbliert. Abgesehen von ein paar Plastikblumen kann von Dekoration nicht die Rede sein. Wer das Glück hat, an einem der beiden Fenster zu sitzen, hat einen märchenhaften Ausblick auf das kleine, rote Sandsteinschloß mit seiner Kapelle. Romanische Stilelemente sind unübersehbar, obwohl die Restaurierung vor hundert Jahren neugotische Spuren hinterlassen hat. Davor ein schöner Brunnen mit einem Sandsteinpapst – das stimmt heiter und läßt das Sauerkraut weniger fade erscheinen. Das ist es nämlich. Ich weiß nicht, ob sie es hier bei sechzig Grad in der Waschmaschine waschen oder was sie sonst in der Küche anstellen, damit ihm jegliches Aroma fehlt. Auch die darauf kunstvoll aufgetürmten Fleischtrümmer sind nicht gerade ein Höhepunkt elsässischer Küche. Dennoch sieht man auf allen Tischen kaum etwas anderes. Dabei verzeichnet die Speisekarte auch weniger deftige Dinge, welche gegenüber den traditionellen Gerichten sogar den Hauptteil ausmachen (und oft deutlich teurer sind). Der Zwiebelkuchen, dies muß zur Ehre der Küche gesagt werden, ist saftig und gut gewürzt, sein Boden – hier Mürbeteig – perfekt gelungen. Und erst recht der soufflierte Zander, dieses Paradestück der elsässischen Küche, ist hier geradezu ein Meisterstück. (Doch als Beilage gibt es keine Nudeln, sondern Reis.) Die

Gugelhupf, Wein und Tongeschirr – drei Eguisheimer Spezialitäten.

Das beliebteste Gericht: kunstvoll dekoriertes Sauerkraut.

Obsttorten erfreuen – wie die zwiebelige – durch gute Teigbö-
den. Der Munster hingegen, der schließlich zu einem traditionellen Menü gehört wie der Riesling, hatte wenig Aroma und war
gummiähnlich, der dazu servierte Kümmel ebenfalls ohne
Geschmack. Was nun den Riesling und die anderen lokalen
Weine angeht, so bietet der »Caveau d'Eguisheim« eine schöne
Auswahl, einschließlich der glasweise ausgeschenkten Aperitif-
(Muscat) und Dessertweine (Gewürztraminer). Gekrönt wird die
Liste durch Raritäten, die man woanders nur selten findet. So
kann man hier eine 1971 Gewürztraminer Beerenauslese und
eine 1983 Pinot Gris (Ruländer) Beerenauslese trinken, beide für
800 Francs pro Flasche, und beide vom größten Winzer des
Ortes, Léon Beyer.

KUNSTHAFE

Fegersheim, 43, route de Lyon
Telefon 88 68 53 54
Nur Mittagessen
Sonntag und Montag geschlossen

KÜCHE

✳ ✳ ✳ ✳

AMBIENTE

✳

Nur zehn Minuten von Straßburgs Stadtmitte entfernt (die Autobahn macht's möglich) liegt in südlicher Richtung der Ort Fegersheim. Dort findet man eine Winstub, die man bei dieser Adresse eigentlich nicht erwartet und in Wirklichkeit ja auch keine ist. »La Table Gourmande« ist ein prominentes Feinschmeckerrestaurant in einem aufwendig restaurierten Fach-

Tischschmuck und elegante Speisekarte auf Lackkarton lassen ahnen, daß hier erstklassige Feinschmeckerküche geboten wird.

werkhaus, wo das Ehepaar Reix für den Ruhm und zu Ehren der Großen Küche tätig ist. Der gebürtige Westfranzose ist vor allem als Schöpfer raffinierter Fischgerichte landesweit bekannt. Aber, dem Trend der Zeit folgend oder, wie im vorliegenden Fall, ihm vorauseilend, hat er seinem Feinschmeckerrestaurant eine »Winstub« angegliedert. Ich setze das Wort in Anführungsstriche, weil weder das Ambiente und schon gar nicht die Qualität der gebotenen Speisen etwas mit der Rustikalität der elsässischen Winstubn zu tun haben.

Das Ambiente – ein langer schmaler, nicht sehr heller Raum neben dem recht eleganten Eingang des Hauptrestaurants – ist meiner Meinung nach mißlungen. Bis auf einige Bilder moderner Maler (daher der Name) fehlt dem »Kunsthafe« jegliche Dekoration. Das muß angesichts der Folkloreflut in anderen Gasthäusern nicht einmal ein Nachteil sein. Aber dann sind Tischdecken und Servietten in einem dunklen Rot gehalten (man nennt es Ochsenblut), welches sich nicht gerade stim-

Moderne Bilder, zurückhaltendes Ambiente ohne regionale Rustikalität – eine eigenwillige »Winstub« für Gourmets aus Passion.

mungsfördernd auf die Erwartungen des Kulinarikers auswirkt; mir jedenfalls geht es so. Die Speisekarte ist sorgfältig auf lakkiertem Karton gedruckt, was allerdings schon wieder verständlich ist, da ja auch die angeblichen Deftigkeiten, die darauf verzeichnet sind, von nebenan aus der Küche kommen, wo die Gourmets bekocht werden. Was hier aufgetischt wird, ist also nichts anderes als eine erstklassige Feinschmeckerküche zu unglaublich niedrigen Preisen. Wer hier einkehrt auf der Suche nach regionaler Rustikalität, wird zwangsläufig frustriert sein – Gourmets aber werden ihrer Zunge nicht trauen! Hier finde ich endlich einmal ein Sauerkraut (mit drei verschiedenen Fischen),

Alain Reix hat es geschafft: Große Küche zu Weinstuben-Preisen.

wie ich es liebe, nämlich *sauer*. Daß es zusätzlich mit einer gleichzeitig sanften und dennoch raffinierten Sahnesauce verfeinert ist, macht die Freude nur größer. Eine scheinbar ähnlich simple Angelegenheit, wie die Spätzle (zu gebratenen Hühnerlebern), hatte die gleiche Qualität wie das Kraut; sie waren den gewohnten Produkten gleichen Namens haushoch überlegen. Der gebratene Kabeljau unterscheidet sich lediglich im Preis (da aber gewaltig!) von den Kreationen, die heutzutage prominente Fischküchen verlassen. Ebenfalls zeichnen sich die Süßspeisen dadurch aus, daß ihre Qualität so hoch ist, wie sie der Gourmet gern täglich genösse, wenn er sie nur finden würde. Bei derart perfekten Hervorbringungen der Hausmannskost (?) ist es dann nicht unbillig, auch vom Linsensalat (mit gepökelter Kalbszunge und knorpeligen Schweinsohren) mehr Aroma und mehr Raffinement zu verlangen.

Selbstverständlich sind auch die Weine im »Kunsthafe« erstklassig. Die relativ kleine Auswahl läßt sich durch das Angebot der benachbarten »La Table Gourmand« erweitern. Dieser ochsenblutrote Annex eines der besseren Restaurants weit und breit gibt Anlaß, über Tradition und Folklore des Elsaß nachzudenken. Gewiß wäre es schön, beides in perfekter Form vorzufinden. Aber wenn man so gut essen kann wie hier in Fegersheim, fallen die fehlenden Buntkarierten nur noch geringfügig ins Gewicht.

IRRMANN'S STUB

Kientzheim, 68, Grand'Rue

Telefon 89 47 15 88

Geöffnet:

12.00–14.00 Uhr

und 19.00–23.00 Uhr

Montag und Dienstagmittag geschlossen

KÜCHE

✻ ✻ ✻

AMBIENTE

✻

Kientzheim gehört zur Kette der malerischen Winzerdörfer, die sich von Ribeauvillé bis Eguisheim hinzieht. Auch hier wohnt in jedem zweiten Haus ein Winzer, bei dem man Wein direkt kaufen kann. Da aber Kientzheim ein eher behäbiger Ort ist, dessen Fassaden etwas weniger prächtig sind als die in

Unter den renovierten Gewölben eines kleinen Barockschlosses begeistert diese Winstub mit hohem kulinarischen Niveau.

Riquewihr oder Kaysersberg, geht es hinter der schönen Stadtmauer entsprechend ruhiger zu. Vielleicht ist es gerade der eher sanfte Tourismus, der hier ermöglicht, was in den überlaufenen Nachbargemeinden so rar ist: eine Winstub auf hohem Niveau.

Am westlichen Ortsende wurde im kleinen, barocken Château de Reichenstein in den renovierten Gewölben zum Garten unlängst ein Gastronomiebetrieb eingerichtet, dessen ein-

Ein Blick durch vertäfelte Fenster auf den Schloßgarten steigert den Genuß.

Leicht verträumt liegt Kientzheim hinter seiner schönen Stadtmauer.

In dieser Küche entstehen wahre Köstlichkeiten.

zige Schwäche die ziemlich nichtssagende Ausstattung ist (welche am wenigsten stört, wenn man einen Fensterplatz hat). Mit den schwarzen Kaminplatten an den geweißten Wänden, den blauen Tischdecken, den unbequemen Stühlen und dem sonst schmucklosen Interieur (zu dem eine Musikberieselungsanlage, Plastikpflanzen und Halogenbeleuchtung gehören) könnte dieses Gewölbe auch in Warschau oder in Meran installiert sein. Doch dann kommt die Speisekarte, und der Gast weiß wieder, daß er sich im Elsaß befindet. Der Bibalakas (die Schreibweise für den angemachten Quark wechselt ebensooft wie die für den Gugelhupf), die Schweinskopfterrine, die Schnecken in Muscat und der köstliche Fleischstrudel (*Les Fleischnaka*) sind so gut, wie sie nur sein können; der begleitende Salat wird mit einer schönen Vinaigrette serviert, auch wenn hier das Wort »Dressing« am Platz wäre. Der gekochte Kalbskopf (mit Kartoffeln und Eiern) ist zart und fleischiger, als er gemeinhin die Küchen zu verlassen pflegt; in der dazugehörigen *Sauce gribiche* verstärken ausgesucht kleine Kapern den Eindruck kulinarischer Sorgfalt. Ein Höhepunkt ist der entbeinte und im Netz geschmorte Schweinsfuß mit Kräuter-Rösti; und sogar das in Rotwein marinierte Kaninchenragout *à l'Ancienne*, obwohl ein wenig trocken, verrät ein in dieser Kategorie der Gastronomie nicht gerade häufiges Streben nach Qualität. Erst recht verblüffen die Desserts, die eigentlich schon allein einen Besuch lohnen. Sowohl die gebrannte Creme (*Crème brûlée*) als auch die exzellente (weil leicht und schwach gesüßte) Apfeltorte und das wunderbare Halbgefrorene mit Marc de Gewurztraminer sind von ungewöhnlicher Köstlichkeit. Zieht man dann noch in Betracht, daß die Preise für das Gebotene unerwartet niedrig sind und die Auswahl der lokalen Weine, wenn auch nicht riesig, so doch sehr befriedigend ist, dann sieht man gern darüber hinweg, daß die Fleischsaucen von Escoffiers musealer *Sauce Espagnole* abstammen und die Bedienung nicht ausreicht, um zügiges Servieren zu erlauben.

Jeder zweite Kientzheimer hat seinen eigenen Weinberg.

AUBERGE SAINT-MARTIN

Kintzheim, 80, rue de la Liberté

Telefon 88 82 04 78

Mittwoch und Donnerstagmittag geschlossen.

Tischreservierung wird empfohlen.

KÜCHE

✳ ✳ ✳

AMBIENTE

✳

Kintzheim besitzt zwei touristische Attraktionen ersten Ranges: die Haut-Koenigsbourg und die Tierparks. In letzteren befinden sich Geier und Adler, welche bei schönem Wetter zum Erstaunen der Touristen ihre Dressurflüge vorführen, sowie dreihundert mehr oder weniger frei lebende Berberaffen. Über

In diesem ländlich-schlichten Interieur wird traditionelle Elsässer Küche in fast perfekter Form serviert.

all diesem Spektakel thront die alte Stauferburg, die mehrfach zerstört und vor ungefähr hundert Jahren im Stil der Gotik renoviert wurde. Von ihren Zinnen hat man einen phantastischen Rundblick über die Rheinebene bis zum Schwarzwald.

Es ist daher nicht verwunderlich, daß in der Ortsmitte von Kintzheim ein Gasthaus neben dem anderen steht. Mein Favorit ist die »Auberge St-Martin«. Andere mögen außen und innen hübscher sein; von der »Auberge« kann man bestenfalls sagen, daß sie von der Straße unscheinbar und im Inneren ländlich-schlicht aussieht. Gäbe es nicht die vielen Fenster, welche allerdings auf eine schrecklich moderne Terrasse führen (von wo aus man auf den hauseigenen Parkplatz blickt), es wäre der Gastraum mit den blutrot eingedeckten Tischen wohl ziemlich ungemütlich. Ein profaner Kühlschrank steht vor der Theke, und die zahlreichen Blumensträuße sind aus Plastik. Doch die

70

Hinter unscheinbarer Fassade wartet eine kulinarische Überraschung.

»Auberge« ist immer voll, und die Gäste fühlen sich sichtlich wohl. Das hat seinen Grund. Denn hier kann man erleben, was die Elsässer Kleingastronomie so sympathisch macht. Vier flinke und freundliche Mädchen werden mit den hungrigen Touristen gut fertig, Monsieur Toussaint, der Patron und Küchenchef, sowie seine gutgelaunte Frau kümmern sich unermüdlich um das Wohlbefinden ihrer Gäste, und fast alle Gericht sind hausgemacht. Und nicht nur das. Ich habe hier, abgesehen von einer aufgewärmten und ziemlich matschigen Zwiebeltorte, die traditionelle Küche in fast perfekter Form erlebt. Den Baeckeoffa gibt es täglich; er wird in einer riesigen Steingutterrine an den Tisch gebracht. Er gehörte zu den besten, die ich im Elsaß gegessen habe. Das Fleisch (Schwein, Lamm und Kalb) war zart und schön gewürzt, die Kartoffeln hatten den dreistündigen Aufenthalt im Backofen wunderbar überstanden. Ein warmer Sauerkrautsalat mit Gänseleberpastete grenzte an Feinschmeckerei; die delikaten, gefüllten Wachteln sind *à point* gebraten, dazu gibt es einen schmackhaften Kartoffelgratin.

Die Schokoladentorte wird mit einer großzügigen Menge Grand Marnier begossen. Der Munster steht neben dem warmen Backofen in einer Ecke des Gastraums und kommt somit in perfektem Zustand auf den Teller; man ißt ihn mit Kümmel und trinkt dazu ein Glas Gewürztraminer. An den Wochenenden gibt es abends die traditionellen Flammekuchen (*Tarte flambée*), wozu die roten Tischdecken mit weißem Papier bedeckt werden. Verständlicherweise hat die »Auberge Saint-Martin« viele Stammgäste, für die der rührige Monsieur Toussaint auch schon mal eine voluminöse Paella oder andere Extravaganzen herstellt.

AUX DEUX CLEFS

Kintzheim, Telefon 88 82 31 42
Montag und Dienstag geschlossen

———————————

KÜCHE

✳

———————————

AMBIENTE

✳ ✳ ✳ ✳

Das Storchennest auf dem Dach ist leer, aber die Winstub ist immer voll. Kein Wunder – sie ist die schönste in Kintzheim. Auch fällt das Haus an der Kreuzung der beiden Hauptstraßen mit dem typischen Dorfbrunnen vor der Tür sofort ins Auge. Ein Musterbeispiel elsässischer Fachwerkarchitektur! Nur die von Sandstein eingefaßte große Fensterfront im Parterre ist etwas ungewöhnlich. Die Erklärung überrascht: Das »Aux deux

Stolz thront ein stattlicher Keramikhahn über der schönsten Winstub am Ort, die seit Generationen im Familienbesitz ist.

Clefs« wurde erst 1800 erbaut. (Das dazugehörende Nachbarhaus, wo man in kleinen, aber propren Zimmern übernachten kann, hat das »echte« Alter; es stammt aus dem Jahr 1509.) Das »Aux deux Clefs« ist seit Generationen im Besitz der Winzerfamilie Goettelmann, und auch heute wird hier Wein gekeltert und gelagert.

Man betritt die Winstub durch eine Tür in der Toreinfahrt und freut sich. Ja, dies ist eine gemütliche Wirtschaft! Die gewohnte Folklore tritt hier lediglich in rotweiß karierten Gardinen in Erscheinung. Der Rest ist zwar auch ein authentisches Ensemble, stammt aber aus den dreißiger Jahren, als es der Großvater des jetzigen Besitzers eigenhändig geschreinert und installiert hat. Nur die Blümchentapeten unter der Decke sind neu und

Die kleine Kirche von Kintzheim.

entsprechend deplaziert. Mannshohe Täfelungen an den Wänden, darüber Stahlstiche; normale Gasthausstühle, die bequemer sind als die üblichen Bauernstühle mit dem Herz in der Lehne. Auf der Theke vor der originellen Anrichte (Entwurf und Ausführung: Opa Goettelmann) thront ein stattlicher Keramik-Hahn und symbolisiert die zum Haus gehörende Reblage, den Hahnenberg. Die Tischplatten sind aus schönem Eschenholz und ebenfalls das Werk des Großvaters. Nachmittags kann man daran kleine kalte oder aufgewärmte Tellergerichte sowie Kaffee und Kuchen essen. Mittags und abends aber wird mit feinen Leinentischdecken eingedeckt. Die Speisekarte sieht edel aus, und ihre Lektüre weckt Hoffnungen: verschiedene, preiswerte Menüs, täglich *Tarte Flambée*, gefüllter Schweinemagen, Fleischnaka (in Strudelteig eingerollte Fleischfüllung) sowie Baeckeoffa, Hechtklöße und das traditionelle Sauerkraut. Tatsächlich ist das alles hausgemacht, allerdings von Monsieur Goettelmann, welcher ja nun in erster Linie Winzer ist und kein Koch. So störte mich bei der aufgewärmten Zwiebeltorte ihre matschige Konsistenz, während die Sauce zur riesigen Hühnerkeule vom Mehl zu sehr verwöhnt wird. Der Preßkopf enthält Knorpelstücke, eine Geflügelleberterrine hätte auch vom Schwein sein können. Beide werden auf riesigen Salatblättern mit Tomatenvierteln serviert, jene von den deutschen Autobahnraststätten bekannte Sitte, die nun auch ins Elsaß vorgedrungen ist. Aber der Baeckeoffa – er wird hier in Einzelportionen an den Tisch gebracht – ist korrekt, das Hühnerbein *à point* geschmort, die Nudeln sind von der besseren Sorte, und auch der Schweinemagen (*Estomac de Porc Farci »Maison«*) erfüllt die in ihn gesetzten Erwartungen, wenn man die Sauce abkratzt. Auf der Weinkarte sind bei den Weißen ausschließlich hauseigene Weine vertreten, was in einer Winzer-Wirtschaft verständlich sein mag, die Auswahl aber drastisch reduziert. Abends ist die Gaststube von kleinen Tischlampen anheimelnd beleuchtet. Im Sommer wird auch im Hof serviert.

WINSTUB GILG

Mittelbergheim, Telefon 88 08 91 37
Dienstagabend und Mittwoch geschlossen

KÜCHE

✳

AMBIENTE

✳ ✳

Wie in einem Reiseprospekt liegt das malerische Winzerdorf auf einem kleinen Hügel vor der Kulisse der Vogesen,
die hier nahezu lieblich erscheinen. Und wenn man weiß, daß in
Mittelbergheim der beste Silvaner des Elsaß wächst, nähert sich
der Tourist dem Ort mit doppelter Erwartung. Er wird nicht ent-
täuscht. Mit seinen 650 Einwohnern ist Mittelbergheim eines dieser Dörfer wie aus den Bilderbüchern der Romantik. Daß hinter
den Mauern der Häuser die alten Winzer mit der Pfeife im Mund

**Georges Gilg serviert bürgerliche Küche in Reinkultur, die sich bei alt und jung
großer Beliebtheit erfreut.**

und den Filzpantoffeln an den Füßen bei ihrem Schoppen sitzen,
scheint mir sicher. Die Autos der Touristen wirken in den schmalen Gassen doppelt deplaziert. Und was den Silvaner angeht, so
wünsche ich mir für diese etwas vergessene Traubensorte eine
baldige Rückkehr auf die Weinkarten aller guten Kneipen und
Restaurants. Die »Winstub Gilg« ist das Renommierlokal Mittel-
bergheims. Allerdings nicht in dem Sinne, daß hier große Kochkunst zelebriert würde. Die Beliebtheit der Winstub fußt im
Gegenteil auf ihrer bürgerlichen Küche sowie der menschenfreundlichen Kalkulation der Preise.

Eine wirkliche Weinstube ist »Gilg« nicht. Man könnte es ein
Restaurant nennen, brav und bieder, dem innen nur wenig von

Rings um Mittelbergheim wächst der beste Silvaner des Elsaß.

In Mittelbergheim liebt man die »Winstub Gilg«, die bis auf die menschenfreundliche

...itas

eise mehr an ein Restaurant erinnert.

der jahrhundertealten Tradition anzumerken ist, auf die das Haus sich berufen kann. Rustikal-Dekorationen dieser Art findet man auch im Schwarzwald und in Oberbayern; die Wirte bestellen sie heutzutage meterweise beim Grossisten. Was soll's – zum »Gilg« kommen sie von weither, und recht haben die Leut'!

Auf der Speisekarte sind die typischen Spezialitäten in der Minderheit. Zwar gibt es Zwiebelkuchen und Winzertorte, aber Preßkopf und Bibeles Käs fehlen. Das Sauerkraut versteckt sich bei den Vorspeisen (ist aber trotzdem eine sättigende Portion), und die anderen Genüsse des Elsaß muß man enttarnen, um sie zu entdecken. Da verbirgt sich das Zanderfilet unter dem Kunstbegriff *Le Suprême de Sandre à la mousse de brochet et au cerfeuil*, was bedeutet, daß die Zanderschnitte mit einer Hechtmousse gratiniert und von einer Kerbelsauce begleitet wird. Eher bedeckt als begleitet, muß man sagen. Der hohe Mehlanteil in der Sauce erstickt unbürgerliche Raffinesse im Keim. Nicht anders ist es bei der Sauce zu den Froschschenkeln, welche hier – auch das ist elsässische Tradition – den letzten Störchen weggegessen werden. Ohne Mehlbutter kommt in der »Winstub Gilg« so leicht keine Sauce auf die Welt. Das macht sich auch bei einer Kombination bemerkbar, die (im Frühjahr) eine große Delikatesse sein kann: frische Morcheln und Spargel im Blätterteig. Dem Wanderer bleibt zur Bestätigung, daß er sich im Elsaß befindet, wie so oft nur die *Feuilleté chaud du Vigneron* und die Zwiebeltorte.

Das hört sich schlimmer an, als es ist. Denn im »Gilg« wird ja nicht geschludert oder böswillig unter Niveau gekocht. Dies ist bürgerliche Küche in Reinkultur, unaufdringlich gewürzt und beliebt bei jung und alt. Außerdem sind die Teller vorbildlich angewärmt. Wen das immer noch nicht besänftigt, der versuche den offenen Silvaner oder den Riesling der Familie Gilg – beides sind schöne, schlanke Weine, an die man sich gern gewöhnen würde.

AUBERGE DU CHEVAL BLANC

Molsheim, 5, place de l'Hôtel-de-Ville,
Telefon 88 38 16 87
Dienstagabend und Mittwoch geschlossen

––––––––––––––––

KÜCHE

✳ ✳ ✳

––––––––––––––––

AMBIENTE

✳ ✳ ✳

Was Bayreuth den Wagnerianern bedeutet, ist Molsheim für die Bugatti-Fans. In diesem elsässischen Städtchen, knapp 30 Kilometer westlich von Straßburg, stellte Ettore Bugatti seine sagenhaften Autos her. (Zu besichtigen sind die raren Museumsstücke in Mulhouse.) Aber auch Wein wächst in Molsheim; die Rieslinge der Umgebung zeichnen sich durch eine – im Gegensatz zu den weiter südlich produzierten – schlanke

Behagliche, solide Bürgerlichkeit – so öffnet sich der Blick in eine gastronomische Attraktion, in der man sich auf Anhieb wohl fühlt.

Note aus. Und schließlich gibt es in Molsheim eine gastronomische Attraktion: Im Zentrum der Altstadt am Rathausplatz gelegen, ist das »Cheval Blanc« *die* Adresse, wenn die Einheimischen ausgehen, um Magen und Gaumen gleichermaßen zufriedenzustellen.

Das Haus – am Erdgeschoß existiert noch die alte, holzgeschnitzte Fassade – ist im Besitz der Familie Ferrenbach. Bernard Ferrenbach ist für die Küche verantwortlich. (Das »Cheval Blanc« ist gleichzeitig ein Hotel mit 13 Zimmern.) Das Restaurant ist klein und gehört zu den raren Einrichtungen, wo man sich auf Anhieb wohl fühlt. Wie immer liegt das am Schnitt des Raumes, an der Anordnung der Tische, an der Dekoration. Letztere hat wenig von einer Winstub. Die rot-weiß karierte Folklore

fehlt; hier ist Bürgerlichkeit das Thema. Und zwar eine behagliche, solide Bürgerlichkeit, ohne den Drang zur Eleganz und
ohne die fatale Schwäche fürs Modernistische. Halbhohe Holz-
täfelungen an den Wänden, einige Bilder, die übliche Balkendecke, altes Parkett, weiße Tischdecken – das war's denn auch
schon. An einer Wand steht eine lange Bank wie in alten Eisen-
bahnen; noch hübscher sitzt man an den vier Tischen in den bei-

**Küchenchef Bernard Ferrenbach präsentiert eine seiner besonders delikaten
und empfehlenswerten Terrinen.**

den Fensternischen neben dem Eingang. Die werden einmal im
Monat von Bugatti-Fans belegt, die das »Cheval Blanc« zu ihrem
Treffpunkt gemacht haben. Zusätzlich wird in jeder ersten Sep-
temberwoche in Molsheim ein Bugatti-Festival veranstaltet,
dann verwandelt sich der Rathausplatz in ein Ausstellungs-
gelände für die schönen Oldtimer. Kein Wunder, daß eines der
Bilder im Restaurant eine Ingenieurszeichnung eines viersitzi-
gen Bugatti Typ 46, ist.

Das alles sind natürlich eher Kuriosa, die mit dem »Cheval
Blanc« nur insofern zu tun haben, als die Küche, wenn auch
nicht museumsreif wie die alten Autos, ebenfalls ungewöhnlich
ist. Ungewöhnlich gut nämlich. Und eine Winstub-Küche dazu!
Davon zeugt die erste Seite der Speisekarte. Dort sind vom Preß-

Ungewöhnlich gute Winstub-Küche zu Füßen des weißen Pferdes.

kopf über die Zwiebeltorte, von den Schnecken bis zur *Quiche Lorraine* alle Vorspeisen aufgeführt, die man in einer zünftigen Winstub erwartet. Die Hauptgerichte auf dieser Karte sind *Bouchée à la Reine,* Kalbsnieren auf Kartoffelpüree und der traditionelle Teller mit dem Sauerkraut-Schwein-Gebirge. Die *Bouchée à la Reine* sind das, was wir mit Königinpastetchen bezeichnen, nur daß es sich im »Cheval Blanc« um einen veritablen Leckerbissen von beachtlicher Größe handelt. Zarte Kalbfleischstücke und -klößchen, frische Champignons, feine Nudeln sowie eine gehaltvolle Cremesauce machen das Ganze zu einem vorzüglichen Zwischen- oder Hauptgericht.

Doch auch die auf der allgemeinen Karte angebotenen Dinge verblüffen durch ihren Wohlgeschmack und, manchmal, durch ihre Originalität. So zum Beispiel der Gemüse-Kougelhopf in einer Avocadosauce. Nicht einmal das anspruchsvolle, soufflierte Lachsfilet à la Paul Haeberlin fehlt, und die Terrinen des Bernard Ferrenbach sind besonders delikat und empfehlenswert.

Wenn es dann trotz des überdurchschnittlichen Angebots nicht für vier Punkte reicht, dann aus dem Grund, der auch die angenehm niedrigen Preise möglich macht: Es fehlt an Personal in der Küche. Da passiert es dann schon mal, daß das Sauerkraut zu lange auf dem Herd steht und salzig wird; das gleiche kann einer Suppe zustoßen oder dem Kartoffelpüree. Dafür sind die Süßspeisen wieder erfreulich (vor allem die hausgemachten Parfaits!), und die Weinkarte schließlich wartet mit einem der besten Molsheimer Rieslinge auf: Der 1985er »Clos des Chartreux« von der Domaine Klingenfus für nur 95 Francs ist eine Wonne.

CAVEAU MORAKOPF

Niedermorschwihr, Telefon 89 27 05 10

Sonntag geschlossen;

außer Juli, August, September nur Abendessen

KÜCHE

✳ ✳ ✳

AMBIENTE

✳ ✳ ✳

Alle elsässischen Winzerdörfer sind einmalig. Zwar ist ihnen die konservierte Vergangenheit gemeinsam, die bizarre Fachwerkarchitektur des 16. und 17. Jahrhunderts, zwar läuft man überall auf Kopfsteinpflaster und freut sich an den überquellenden Blumenkästen vor den Fenstern, an den schönen Erkern und den Schnitzereien, aber gleichzeitig gibt es große Unterschiede. Romantisch, putzig, touristisch, niedlich, kuschelig, herrschaftlich, trutzig, bunt, spitzwegisch, wehrhaft und streng – diese Attribute besitzen sie alle. Doch etwas dominiert immer, und jedes Mal ist es etwas anderes. In Niedermorschwihr, westlich von Colmar, unterhalb der steilen Rebhänge gelegen, ist es das Trutzige, Strenge. Das liegt einmal an den malerisch verwinkelten, burgähnlichen Anlagen im Zentrum, dann wieder an den hohen, abweisenden Fassaden der stattlichen Winzerhäuser. In Niedermorschwihr erholt sich das Auge von der verwirrenden Vielfalt ornamentaler Details,

Ein Musterbeispiel für ein mit viel Fingerspitzengefühl gestaltetes Ambiente.

wie sie für Riquewihr und Ribeauvillé typisch sind. Andenken-trödel und andere Moränen des Tourismus wird man hier vergeblich suchen.

Dafür existiert mit dem »Morakopf« eins der lohnendsten Kleinrestaurants des gesamten Elsaß. Lohnend auch – das muß hier betont werden, obwohl es für den Jäger der kulinarischen Qualität nicht ausschlaggebend sein sollte – wegen der unglaublich niedrigen Preise. Die findet man zwar woanders auch, aber kaum in einem so gepflegten Ambiente, und schon gar nicht gibt es dafür diese Qualität des Essens. Der Keller (*caveau*) ist kein Keller, sondern befindet sich zu ebener Erde an der Hauptstraße nach Ingersheim, am unteren Ende des Ortes. Die Fassade macht nicht viel her; das neue, rechte Fenster verrät, daß hier um- und angebaut wurde. Der damit gewonnene kleine Raum und der Garten mit den Plastikmöbeln, wo auch serviert wird, würden den dritten Punkt fürs Ambiente nicht rechtfertigen. Aber der Hauptraum, auch er nicht sehr groß, ist ein Musterbeispiel für eine mit alten Dingen hergerichtete moderne Gaststube. Die Rustikalität, fernab jeglicher Folklore, ist nichts weniger als elegant, die Beleuchtung angenehm. Auch ohne staunenswerte Authentizität ist hier der Versuch gelungen, ländliche Gemütlichkeit, effiziente Gastronomie und einen gewissen Antik-Chic zu vereinen.

Auf einigen Tischen stehen Spiritusbrenner. Der »Morakopf« ist bekannt dafür, daß man hier ein Fleischfondue essen kann (*La Fondue vigneronne*), auf Vorbestellung für mindestens 2 Personen. Auch den *Baeckaoffa* (mindestens 4 Personen) muß man vorbestellen; alles andere macht Madame Guidat frisch in der Küche. Ja, hier kocht die Frau des Hauses. Und zwar ganz vorzüglich! Schon die zahlreichen Salate erfreuen durch die herzhaften Saucen. Sehr empfehlenswert fand ich den Salat mit Stükken von Munsterkäse, Tomaten und mit Kümmel (*Salade de Munster frais*). Gut gelungen auch die Lachstorte, und erstklassig die *Pâté vigneron*, weil die Fleischstücke von ausgesuchter Qualität, gut gewürzt und der Teig gut durchgebacken war. Die Kutteln fand ich zu hart und zu simpel gewürzt, aber vorzüglich wieder die dazu servierten Bratkartoffeln, welche Madame nicht einfach brutal in der Pfanne bräunt. Sie ersetzt das Fett teilweise durch Bouillon, wodurch die Kartoffeln leicht und saftig werden

Auch beim Service sorgen flinke Geister für Spitzenleistungen.

– aber nicht matschig. Eine gefüllte Kalbsbrust mit Spätzle, als Tagesspezialität ausgewiesen, hätte nicht besser sein können. Da wunderte es mich schon nicht mehr, daß auch die selbstgebackenen Kuchen überraschend gut gelungen waren. Sauerkraut fehlt merkwürdigerweise auf der Karte; das traditionelle Rauchfleisch vom Schwein wird mit Kartoffelsalat angeboten. In der kühlen Jahreszeit gibt es, ziemlich ungewöhnlich für diese Region, Käsefondue.

Schwach fand ich lediglich das Angebot der offenen Weißweine (alle, auch die Flaschenweine, ohne Angabe des Produzenten), die nicht kalt genug serviert wurden; der Riesling schmeckte wie ein Edelzwicker. Monsieur Guidat und zwei flinke Serviererinnen bedienen die Gäste, als wär's eine olympische Disziplin. Die Qualitäten des »Morakopf« sind in Colmar und Umgebung natürlich bekannt. Deshalb ist es praktisch unmöglich, in der Saison ohne Vorbestellung einen Tisch zu bekommen. Wer als letzter kommt, findet in Niedermorschwihr nur schwer einen Parkplatz.

L'AGNEAU D'OR

Obernai, 99, rue Général Gouraud,
Telefon 88 95 28 22
Ab Mittag durchgehend geöffnet
Montag geschlossen

KÜCHE

✳

AMBIENTE

✳ ✳ ✳

Wäre das Elsaß nicht mit Fachwerkhäusern vollgestellt wie Tirol mit Skiliften, Obernai würde wohl ähnlich berühmt sein wie Colmar oder Riquewihr. Die winkeligen Gassen, die buntbemalten Häuser und Häuschen, die putzige Gemütlichkeit der Gotik, Renaissance-Ornamente, barocke

Elsässische Folklore – der ideale Rahmen für einen Winstub-Besitzer. Selbst die Rechnung wird im spitzenverzierten Holzschuh präsentiert.

Pracht und was dergleichen Fotomotive sind – hier ist alles auf engstem Raum vorhanden. Dazu gehören aber auch die Sonnenschirme bei den Plastikstühlen am Marktplatz, die Fließbandabfütterung und die Gugelhupf-Folklore. Da es hier in jedem dritten Haus eine Bäckerei gibt (ihre Auslagen sehen außerordentlich verführerisch aus!), die in ihrem Schaufenster den berühmten Napfkuchen präsentiert, könnte man sagen, der Gugelhupf sei für Obernai, was die Mickey Mouse für Disneyland ist.

Eine handgeschriebene Speisekarte lädt zu gemütlicher Runde ein.

Der Besucher kommt im allgemeinen von Osten und befindet sich damit automatisch in der rue Général Gouraud, welche am westlichen Ende der Innenstadt einen kleinen Schlenker nach links macht, und dort, auf der linken Straßenseite, ist das »L'Agneau d'Or«. Eigentlich sind es zwei Häuser; die Winstub ist

Spitzengardinen, Kupfergeschirr und Bauernstühle unter niedrigen Decken-balken – eine Winstub wie aus dem Bilderbuch.

im älteren, dem Eckhaus, untergebracht (Eingang in der Neben-straße). Ein kleiner Raum nur, rotweiß karierte Tischdecken, darauf Papier; Bauernstühle mit dem Herz in der Lehne und ungefähr zwei Container elsässische Folklore, wohin das Auge zu blicken wagt. Die bemalten, halbhohen Täfelungen sind noch die zurückhaltendste Form der Dekoration, kaum wahrzuneh-men zwischen all dem Krimskrams, den Bildchen und Blüm-chen, den Spitzengardinen und Kupfergeschirren, Steinguttöp-

Ein Bündel Ähren als liebenswürdiges Aushängeschild.

fen, Grünzeug und Puppen. Sogar die (niedrige) Rechnung wird dem Gast in einem neckischen Holzschuh auf den Tisch geschoben. Man wundert sich, daß hier niemand Zither spielt oder den Dudelsack bläst.

Die Speisekarte ist im Vergleich dazu wenig spektakulär. Zwar gibt es das Sauerkraut mit dem Eisbeingebirge und den Preßkopf vom Metzger. Aber es überwiegen die Schnitzelvariationen mit Pommes frites oder Kartoffelpüree. Originell fand ich allein den in Teig eingebackenen Munster (ein sättigendes Hauptgericht!) sowie den panierten und als Ganzes ausgebackenen Camembert. Beides mit Bratkartoffeln, welche ebensowenig ein Ruhmesblatt für die Küche waren wie der allgegenwärtige grüne Salat. Es muß jedoch Tage geben, da beispielsweise die gut gewürzte Fleischpastete »nach Winzerart« frisch aus dem Ofen und nicht aufgewärmt auf den Tisch kommt. Das gilt auch für den hausgemachten Apfelkuchen, zu dem (wahrscheinlich wegen der deutschen Touristen) untypische Schlagsahne serviert wird. Alle Portionen sind riesig. Angenehm frische und leichte Weine im Viertelliterkrug von der Domaine Paul Schoettel in Ottrott.

Was übrigens den Wein angeht, so hat Obernai eine nicht geringe Attraktion zu bieten. In der Nähe des Marktplatzes (hier ist alles in der Nähe des Marktplatzes) befindet sich in einem Fachwerkhaus (alles befindet sich in Obernai in Fachwerkhäusern) eine bemerkenswerte Weinhandlung: Cave Anne Barabos, 1a, rue des Pèlerins. Um ein ähnlich hochwertiges Sortiment zu finden, muß man weit fahren.

AU NID DE CIGOGNES

Ostheim, Telefon 89 47 91 44

Montag und Dienstag geschlossen

KÜCHE

✻ ✻ ✻

AMBIENTE

✻ ✻ ✻

Ostheim liegt nördlich von Colmar an der N 83 auf der Höhe von Riquewihr. Man wird dem kleinen Ort nicht nachsagen können, daß er dem von Wein-Romantik verwöhnten Auge neue Attraktionen zu bieten habe. Ostheim wurde im letzten Krieg völlig zerstört. Traditionelle Architektur, diese Spezialität des Elsaß, darf man hier also nicht erwarten.

Dennoch gibt es ein lohnendes Ziel: das Hotel-Restaurant »Au Nid de Cigognes«. In der Ortsmitte am ehemaligen Kirchplatz

Bunte Fenster, schön geschreinerte Balkendecken und altes Parkett verraten einen liebevollen Blick fürs Detail.

gelegen, ist es äußerlich von anderen Herbergen nicht zu unterscheiden. Auch drinnen scheint alles wie gewohnt. Doch dann entdeckt der Gast die schönen Kunstschreinerarbeiten, die Kassetten- und Balkendecken, die bunten Fenster und andere Details, welche den Aufwand verraten, der für ihn getrieben wird. Das Restaurant ist groß; von Winstubn-Intimität kann nicht die Rede sein. Dennoch hat man nicht das Gefühl von unpersönlicher Gastronomie. Die ineinander verschachtelten Räume sind unterschiedlich eingerichtet: Hier bedeckt altes Parkett den Boden, dort sind es Fliesen; mal läßt das Biedermeier grüßen, mal überwiegen elsässische Elemente. Und nachmittags sitzen die Nachbarn an blanken Holztischen und spielen Karten!

Wer hier zu einer Mahlzeit einkehrt, kann sich darauf freuen, auf der Speisekarte Menüs zu entdecken, die das beste Preis-Leistungs-Verhältnis darstellen, das weit und breit zu finden ist. Und nicht nur bei den Menüs. Auch die *à-la-carte*-Preise sind für den gepflegten Rahmen ungewöhnlich niedrig! An der Auswahl wird man schnell bemerken, daß Monsieur Utzmann, der

Der Hausherr Monsieur Utzmann, großer Jäger aus Passion, mit seiner vorzüglichen *Terrine de Patron.*

Patron, ein großer Jäger sein muß: Reh und Hase, Fasan und Wildente, was die Jagdsaison – oder die Tiefkühltruhe – gerade bereithält. Das beginnt beim hausgemachten Wildschweinschinken und endet nur deshalb nicht beim Dessert, weil es kein Rezept für einen Hirschkuhpudding gibt. Für die vielen Plätze, die im »Au Nid de Cigognes« zur Verfügung stehen, bedarf es einer größeren Brigade. Vermutlich ist hier der Grund zu suchen, daß ich einige Leistungen der Küche unregelmäßig fand. Harten Kalbsnieren (in einer vorzüglichen Senfsauce) und einem ziemlich faden Huhn in Riesling stand ein wunderbar kräf-

Solche Räume sind wie geschaffen zum Genießen und Verweilen.

tiger Rehpfeffer (mit la Spätzle) gegenüber; der Zander wurde von einer klassisch-schönen Riesling-Sahne begleitet. Die *Terrine de Patron* war makellos, während das Sauerkraut im Gänseliesl-Salat zu grob geschnitten war. Leckere Desserts.

Wäre das Angebot an Weinen (und deren bescheidene Preise) ausschlaggebend für seine Beurteilung, das »Au Nid de Cigognes« stünde wie ein Goldmedaillengewinner da. Ein sehr großes Angebot an elsässischen Weinen, vor allem aus dem benachbarten Riquewihr, wird durch ein geradezu unwahrscheinliches an Burgundern und Bordeaux ergänzt. Spätestens bei der Lektüre der Weinkarte versteht man die Jagdgesellschaften, die hier in der Wintersaison Feste feiern, und die Möglichkeit, im Haus schlafen zu können (50 Zimmer), macht die Verführung, es ihnen gleichzutun, fast unwiderstehlich. Mit dem Service ist es wie mit der Küchenbrigade: Wenn alle da sind, klappt es vorzüglich.

Gläser warten auf den Gast, der ein erstaunliches Weinangebot zu schätzen weiß.

A L'AIGLE D'OR

Osthouse, Telefon 88 98 06 82

Montag und Dienstagabend geschlossen

KÜCHE

✳ ✳ ✳ ✳

AMBIENTE

✳ ✳ ✳

Bestünde das Elsaß nur aus den malerischen Weindörfern und den Anhäufungen von herausgeputztem Fachwerk, es wäre zweifellos auch dann noch eine außerordentlich attraktive Landschaft. Aber es würde eine Dimension fehlen, nämlich das leicht verschlafene, flache Land zwischen den Vogesenausläu-

Zwei kulinarische Welten in einem Dorfgasthaus: unter einer mächtigen Kassettendecke traditionelle Küche vom Feinsten im stilvollen Rahmen...

fern mit den Weinbergen und dem Rhein. Bauerndörfer, denen von der Landwirtschaft nicht allzuviel anzumerken ist; kleine Flecken, längst nicht so fotogen wie die an der *Route du Vin* und auf eine vertraute Weise an die Ordnung und Biederkeit deutscher Dörfer erinnernd – abgesehen davon, daß die Modernisierung hier längst nicht solche Zerstörungen angerichtet hat wie auf der anderen Seite des Rheins. In dieser stillen Gegend liegt, zwanzig Kilometer südlich von Strasbourg, bei Erstein, das Dorf

…und deftige Spezialitäten in der schlichten Gaststube.

Familie Hellmann pflegt das Ideal einer bodenständigen Gastronomie.

Osthouse, und dort befindet sich eine Rarität: ein Dorfgasthaus, in dem vom Preßkopf bis zum soufflierten Lachs à la Haeberlin die elsässische Küche demonstriert wird, daß man seiner Zunge nicht traut! Vorn, beim Eingang, eine nicht sonderlich bemerkenswerte Gaststube für alle, die nur eben mal eine Bouillon mit Markklößchen essen wollen oder eine Portion Schweinskopfsülze oder Bibeless Käs (angemachter Quark) mit Bratkartoffeln und was es sonst an typischen Winstub-Spezialitäten gibt. Schon dabei überrascht die hohe Qualität der Deftigkeiten. Die Überraschung steigert sich zur Verblüffung, sobald man die hinteren Speiseräume betritt. Hier sind die Tische eingedeckt wie in einem Restaurant; eine fürs Elsaß typische, mächtige Kassettendecke und andere Einzelheiten weisen darauf hin, daß hier ein anderer Wind weht. Die handgeschriebene Speisekarte gibt dann zu erkennen, worum es geht: um die elsässische Küche im Geist der höheren Kochkunst, aber zu Preisen, daß man sich verwundert die Augen reibt!

Der schon beim Lesen erkennbare Ehrgeiz wird aufs schönste bestätigt. Die Familie Hellmann verwirklicht, was man sich von einer bodenständigen Gastronomie wünscht, aber so selten findet. Hier arbeiten sie alle mit, Vater, Mutter, Sohn und Großmutter, und der Sohn hat bei keinen Geringeren gelernt als bei den Haeberlins in Illhaeusern. Daher wird hier deren legendärer soufflierter Lachs angeboten, so erklären sich die fast raffinierten Garnituren und die perfekten Garzeiten. Der Hellmannsche Baeckoffe ist berühmt, ihn gibt es nur auf Vorbestellung (schließlich steht dieser elsässische Kartoffeleintopf drei Stunden und länger im Ofen!). Samstag- und Sonntagabend werden *Flammeküche* frisch gebacken (auch *Tarte Flambée* genannt), das sind hauchdünne mit Speck, Zwiebeln und Sahne belegte Teigfladen, deren Delikatesse die Gäste von weither anlockt. Überhaupt ist die Qualität der Hellmannschen Küche kein Geheimnis geblieben. An den Wochenenden ist der »Aigle d'Or« regelmäßig ausgebucht. Die Elsässer sind schließlich nicht nur leidenschaftliche Esser, sie erkennen auch ein günstiges Preis-Leistungs-Verhältnis sehr genau. Die Weinkarte genügt den allgemeinen Erwartungen; angesichts des hohen Niveaus der Küche würde ich darauf gern noch ein paar zusätzliche Winzer vertreten sehen.

A L'AMI FRITZ

Ottrott, 8, rue des Châteaux,
Telefon 88 95 87 39
Mittwoch geschlossen

KÜCHE

✻ ✻ ✻

AMBIENTE

✻ ✻ ✻

Ottrott liegt an der Verlängerung von Obernai zu den Vogesen. Wer, wie üblich von Osten kommend, Obernai erreicht und dort die notwendigen Erinnerungsfotos gemacht hat, fährt weiter in Richtung Westen, bis er nach wenigen Kilometern in Ottrott einbiegt. Es scheint das längste Winzerdorf des Elsaß zu sein, mit einem merkbaren Höhenunterschied von einem Ende zum anderen. Am oberen Ende, wo die Straße so hübsch gepflastert ist, daß man sich fragt, ob Autos hier überhaupt gestattet sind, dort also, auf der rechten Seite, mit einem eigenen Parkplatz versehen, liegt das Restaurant »A l'Ami Fritz«. Fritz ist der Familienname der Besitzer, die gleichzeitig auch ein acht Hektar großes Weingut haben. Alle sind sie zum Wohl der Esser und Trinker tätig, vom Großvater bis zum Enkel Patrick. Dieser, ein aufgeweckter junger Mann, leitet die Küche und hat sich nichts Geringeres vorgenommen, als aus der Familiengaststätte einen Anziehungspunkt für Kulinariker zu machen.

Die beiden ineinander übergehenden Gasträume wurden unlängst modernisiert. Glücklicherweise ohne Konzessionen an den Zeitgeschmack zu machen. Es gibt keine Pseudoeleganz

Die Kochkünste des jungen Monsieur Fritz begeistern Stammgäste und Gourmets.

und keinen modernen Schnickschnack, andererseits hält sich die Rustikalität in Grenzen. Die Raumaufteilung und Holzarbeiten der Decken – teils Balken, teils Kassetten –, die Größe der Tische und der Abstand dazwischen, schließlich auch die geschickte Beleuchtung und die Qualität der Tischtücher und Servietten – das alles macht einen gepflegten und soliden Ein-

Der gepflegte Gastraum zum Wohlfühlen, ohne modernen Schnickschnack oder übertriebene Rustikalität.

druck. Junge, freundliche Serviererinnen und Kellner, Mutter Fritz hinter dem Tresen, der kochende Sohn schaut ab und zu mal nach den Gästen – ja, so stellt man sich ländliche Gastronomie vor, alle Ingredienzen der Bürgerlichkeit sind hier vorhanden.

Kein Wunder also, daß »A l'Ami Fritz« sich auf einen treuen Kreis von Stammgästen berufen kann, und unvermeidlich auch, daß diese am Sonntagmittag alle Tische reservieren. Treue Gäste sind sie auch deshalb, weil der junge Monsieur Fritz nicht aus-

Gutbürgerliche Küche, mit einem freundlichen Lächeln serviert.

schließlich das Repertoire der Winstubn anbietet, sondern auf seiner Speisekarte zu erkennen gibt, daß er mehr will und kann. Das wird nicht zuletzt deutlich, wenn dem Gast ein *amuse bouche* vorgesetzt wird (meistens ein Stück *Quiche Lorraine*). Handelt es sich hier überhaupt noch um eine Winstub? Durchaus. Davon zeugen nicht nur die Preise, die keinen Deut höher sind als in viel einfacheren Betrieben, sondern auch drei verschiedene Sauerkrautgerichte, der Baeckeoffe (nur auf Bestellung), der Hahn in Riesling mit hausgemachten Spätzle, Zanderfilet mit Nudeln, Schnecken *à l'Alsacienne, Salade Ganseliesel,* Zwiebeltorte und der obligate Preßkopf. Doch schon das Sauerkraut mit eingemachter Ente gehört gerechterweise in die Feinschmeckerküche. Dem Geist des Lukullus verpflichtet sind auch die Kalbsnieren in Senfsauce, die gefüllte Taube, das Schneckengratin (auf Spinat mit Knoblauch), die *Foie gras* sowie die veritablen Stücke vom Rind und Kalb. Bei den Desserts erfreuen vor allem die halbgefrorenen Spezialitäten (hervorragend das *Soufflé glacé de quetsch*) und die Obsttorten. Insgesamt wird im »A l'Ami Fritz« eine beruhigende Professionalität demonstriert, und wenn die Küche dennoch nicht die Höchstnote erreicht, dann wegen der (leicht korrigierbaren) Schwäche bei der Würzung. Hier etwas mehr Salz, dort Pfeffer oder ein Spritzer Zitronensaft, und aus dem schönen Haus mit der gutbürgerlichen Küche könnte ein Feinschmeckerlokal werden.

Die Weinkarte entspricht den Ambitionen der Küche. Viele Burgunder und Bordeaux; eine schöne Auswahl auch an elsässischen Weinen. Es versteht sich von selbst, daß dabei die Weine der Familie Fritz eine Sonderstellung einnehmen. Vom Silvaner bis zum Spätburgunder (die Ottrotter Roten haben einen guten Ruf!) ist alles vertreten, was das Elsaß dem fröhlichen Zecher zu bieten hat, flaschenweise oder in Karaffen. Direkter Weinkauf ist möglich; in einer Dependance stehen siebzehn Gästezimmer zur Verfügung.

L'ARBALÈTE

Ribeauvillé, 50, Grand'Rue,
Telefon 89 73 82 92
Montag geschlossen

KÜCHE

✳

AMBIENTE

✳ ✳

Ribeauvillé, dieses Juwel unter den Perlen der elsässischen Weinstraße, wird immer schöner, je weiter man nach oben steigt. Sehr steil steigt die Grand'Rue, die den malerischen Winzerort von Ost nach West durchzieht, zwar nicht an; der Aufstieg ist eher metaphorisch gemeint. Spätestens an der

Charmante Einladung nach Ribeauvillé, das mit seinen prachtvollen Häusern zu Recht als Juwel der Elsässischen Weinstraße gilt.

place de la Sinne mit ihren prachtvollen Häusern macht sich der Elsaß-Tourist – wieder einmal – Gedanken über die Lebensqualität in unseren modernen Städten. Die Zeugnisse der Renaissance- und der Barockarchitektur, welche in Ribeauvillé nicht weniger sorgfältig konserviert sind als in den Nachbargemeinden, lassen keinen Zweifel an der relativen Armut des modernen Menschen.

Ungefähr auf der Hälfte des Weges, auf der rechten Seite, zwischen anderen Kneipen, einem kleinen, aber bemerkenswerten Käseladen (Fromagerie du Musée) und appetitanregenden Feinkostgeschäften befindet sich »L'Arbalète«, das man leichtfertigerweise eine Pizzeria nennen könnte. Tatsächlich sind die

Malerische Hügel und Weingärten prägen die Landschaft.

italienischen Teigfladen eine Spezialität des Hauses; an die zwanzig verschiedene Sorten werden angeboten. Und, nach meiner Beobachtung, von den vernünftigen Gästen ignoriert. Diese bestellen statt dessen eines der vielen ungemein preiswerten

Ungewöhnliche kalte Vorspeisen vom Büffet – ein angenehmer Auftakt zum Essen, wenn auch nicht typisch für die Gegend.

Menüs oder die *à-la-carte*-Gerichte, unter denen man am ehesten die Regionalküche entdeckt.

Jedes Menü beginnt damit, daß man sich die kalten Vorspeisen am Büffet selber holt, wo man ziemlich ungewöhnliche Dinge finden wird: Rollmops, Thunfischsalat mit roten Bohnen, Couscous, geraspelter Sellerie in Remoulade, Reissalat, russische Eier, Schinken, Wurst – kurzum eine etwas untypische, aber angenehme Möglichkeit, ein elsässisches Essen zu beginnen. Dieses hat hier allerdings eine durchgehende Schwäche: gewürzt ist alles sehr schwach oder gar nicht. Das ist das Haupt-

Reizvoller Kontrast: altes Gebälk und helle Einrichtung.

merkmal dieser ansonsten sympathischen Küche, deren Stärke es ist, daß alle Gerichte frisch gemacht werden, soweit das nötig ist. Der Baeckaofa war, was die Garzeit von Fleisch und Kartoffeln angeht, perfekt gelungen, nur fehlten ihm Salz und Pfeffer, welche bei diesem traditionellen Eintopf genau so unverzichtbar sind wie die Säure beim Riesling. Das gleiche läßt sich von den Froschschenkeln sagen (ich weiß…, aber wir sind hier nun einmal im Elsaß): sauber fritiert und nicht zäh, aber ohne Geschmack; da hilft auch die exotische Paprika-Tomaten-Sauce wenig. Eine dicke Hühnerbrust als Hauptgericht des billigsten Menüs (45 FF!) war nur weiß und trocken. Dazu Spaghetti von bester Konsistenz und enttäuschender Fadheit. Sehr schön hingegen der Flammenkuchen und das garnierte Sauerkraut, bei dem nicht nur die Würste das richtige Aroma hatten, sondern auch das Kraut selber gut gewürzt war.

Die blutjungen Serviererinnen brachten das alles freundlich und beflissen an den Tisch, stellten den zu warmen Wein auf Verlangen sogar in einen Eiskübel – und überhaupt fühlt man sich im »L'Arbalète« nicht unbehaglich. Ein altes Gewölbe (was sonst in Ribeauvillé!) mit Balken und Säulen, sauber restauriert, gut beleuchtet und mit hellen Holztischen und -stühlen bestückt, ein bißchen rustikal, ein bißchen modern, kaum Folklore. Wenn zusätzlich in der Küche noch jemand stünde, der abschmecken kann und diese Fähigkeit den ansonsten sehr professionell zubereiteten Speisen zugute kommen ließe, es könnte das »L'Arbalète« eine reizvolle Adresse sein im unübersichtlichen Angebot der konfektionierten Gastronomie der Region. So langt es nur zu einem Punkt für die Küche.

WISTUB ZUM PFIFFERHÜS

Ribeauvillé, 14 Grand' Rue

Telefon 89 73 62 28

Mittwoch, Donnerstag sowie vom 23. Dezember bis 5. Januar

und vom 15. Februar bis 15. März

geschlossen

KÜCHE

✻ ✻ ✻

AMBIENTE

✻ ✻ ✻ ✻

Was die Prächtigkeit der Fachwerkhäuser angeht, so steht Ribeauvillé ein wenig im Schatten der beiden benachbarten Gemeinden Riquewihr und Kaysersberg. Dafür hat es aber eine Weinstube, die zu den hübschesten und, was die Küche angeht, zu den besten der Region gehört. Das Haus ist klein; es

Gleich beim Betreten der hübschesten Weinstube der Region fällt ein riesiges Blumengesteck mit Rohrkolben ins Auge.

liegt am Anfang der Hauptstraße, die sich in ost-westlicher Richtung durch den Ort zieht und Grand'Rue heißt. Wie es aussieht, muß in jedem zweiten Haus ein Winzer wohnen, denn überall stehen Weinflaschen vor den Türen und in den Fenstern. Die Wistub (das fehlende »n« ist eine alemannische Besonderheit; wo der fränkische Spracheinfluß vorherrscht, ist es wieder existent) hat eine hübsche Fassade mit einem reichgeschnitzten Erker. Hinter der niedrigen Eingangstür ist nicht viel Platz. Nur

Der »Metzgerturm« am Rathausplatz von Ribeauvillé.

An der Wand eine Erinnerung an die mittelalterliche Vergangenheit.

acht größere Tische stehen in der kleinen Stube. So geschieht es oft, daß man sich einen Tisch mit anderen Gästen teilen muß. Der Raum hat Deckenbalken und ist vollständig mit Holz verkleidet. Ins Auge fallen der riesige Blumenschmuck auf einer kleinen, niedrigen Trennwand sowie die originellen Tischdecken,

Sie gaben dem Haus seinen Namen: die Gilde der Pfeifer und Spielleute, die sich hier alljährlich zu einem großen Fest trafen.

die speziell fürs »Pfifferhüs« angefertigt werden. Darüber hinaus ist die Wistub frei von folkloristischem Krimskrams bis auf eine einsame, antike Kaffeemühle (deutscher Originalton am Nebentisch: »Seht her, Kinder, das ist die Pfeffermühle, nach der das Haus benannt wurde!«) und große Abbildungen der Pfeifer und anderer Spielleute, welche im späten Mittelalter in Ribeauvillé tributpflichtig waren. Frau Meistermann dirigiert zwei Serviererinnen, während Monsieur in der kleinen Küche die Spezialitäten des Hauses zubereitet. Diese scheinen beim flüchtigen Blick in die Speisekarte nicht anders zu sein als anderswo. Sauerkraut mit Eisbein oder Würsten, Zwiebelkuchen, Schnecken, Preßkopf, *Foie gras*, Steak in Pfeffersauce, Wurstsalat mit Käse – all die bekannten Deftigkeiten zu bescheidenen Preisen. Aber der

Gänseliesel-Salat (*Salade ganzalies'l*), mit den gebratenen Stükken vom Magen und Scheiben von der Brust der Gans auf sehr
mildem Sauerkraut, ist eine kleine Delikatesse. Die schlichte
Fleischpastete ist weniger deftig als anderswo; fast aufwendig-
kompliziert eine Heringsterrine, bei der der saure Hering zwischen Schichten von gekochten Kartoffeln liegt. Das Forellenfilet
im Strudelteig hat eine Portion *Duxelles* (Champignonpüree)
mitgekriegt, wodurch es, in Verbindung mit der fast subtilen Buttersauce, ein kleiner Leckerbissen wird. Und die Blutwurst (eine
Boudin noir, also ohne Speck oder Leberstücke) wird im »Pfifferhüs« mit Apfelpüree vermischt und in Blätterteig gebacken.
Allein dieses Gericht genügt, um einen Feinschmecker zu entzücken. Auch unter den Süßspeisen finden sich überdurch-
schnittliche Leckereien, und täglich wechselnde Spezialitäten
zeugen endgültig vom Ehrgeiz der Familie Meistermann, etwas
Besonderes zu bieten. Da wundert man sich schon nicht mehr,
daß auch die Weinkarte außerordentlich verführerisch ist. Hier
kann man, unter vielen anderen, den Parade-Riesling Clos Ste.-
Hune von Trimbach probieren, aber auch Rotweine, deren sich
sogar ein Gourmet-Restaurant nur rühmen könnte.

L'ARBALÉTRIER

Riquewihr, Telefon 89 49 01 21

Dienstagabend und Mittwoch geschlossen

KÜCHE

✻ ✻

AMBIENTE

✻

Riquewihr ist wunderschön und unerträglich. Der gesamte Ortskern aus dem 16.Jahrhundert ist vollständig erhalten, vom Gewölbekeller bis zur Dachluke, vom Kopfsteinpflaster bis zum Stadttor. Hier ist die Essenz der elsässischen Fachwerk-Architektur konzentriert wie in keinem anderen Winzerort. Die Reiseführer sprechen von der »Perle des Elsaß« – was zweifellos stimmt. Wahr ist aber auch, daß der Tourismus Riquewihr zum Rüdesheim des Elsaß gemacht hat. Hier haben Busse ihre eigenen Parkplätze (die in der Saison nicht ausreichen), und die Flut der Touristen wälzt sich von morgens bis abends von einem Ende des Ortes zum anderen. In jedem zweiten Haus ein Andenkenladen, in den Häusern dazwischen Weinstuben. Manche sehen ganz putzig aus; voll und eng sind sie alle, aber vom Ruhm ihrer Küche dringt nichts durch die dicken Mauern.

Der Armbrustschütze (so heißt Arbalétrier auf deutsch) ist in einem Keller installiert, in einer schmalen Gasse, die am Anfang der Hauptstraße (rue Général-de-Gaulle) rechts abgeht. Das Gewölbe ist alt, alles andere nicht. Die Modernität der Einrichtung wirkt in ihrer Beliebigkeit nicht sonderlich erheiternd; ein bißchen buntkarierte Folklore täte den nackten Steinwänden

Eine unterirdische Oase im Touristenrummel von Riquewihr.

Kellerromantik pur – wenig Ablenkung fürs Auge, dafür interessante Küchen-erlebnisse unter vierhundertjährigen Gewölben.

ganz gut. So sorgen lediglich ein Ventilator unter der Balken-decke sowie ein Jagdhorn und einige Gemälde für etwas Dekora-tion.

Hat man Platz genommen, tritt unverzüglich der Service in Aktion. Die Schnelligkeit, mit der hier serviert wird, ist rekord-verdächtig. Man sitzt noch nicht richtig am Tisch, da hat man schon die Speisekarte in der Hand; der Wunsch nach einem Ape-ritif-Wein (vorzüglicher Muscat von Bronner) wird erfüllt, kaum daß man ihn ausgesprochen hat. So geht es durch das ganze Menü, und nicht einmal auf die Rechnung muß man lange war-ten. Trotzdem hatte ich nicht das Gefühl, gedrängt zu werden.

Nicht nur die Kellner, auch die Köche des »L'Arbalétrier« geben sich Mühe, die beispielsweise bei der gefüllten Forelle sichtbar wird (*Truite farci*). Der Fisch in einer typisch elsässi-schen Sahnesauce (nicht gerade leicht, aber sehr schmackhaft) hätte auch in hübscherer Umgebung eine gute Figur gemacht. Ebenfalls erfreulich die geschnetzelten Kalbsnieren in Senf-sauce. Die Scheiben von der Entenbrust (*Magret de Canard*) sind schön rosa (der Fettrand allerdings etwas dick), der dazu servierte Kartoffelgratin ist fehlerlos. Weniger Geschmack läßt

Blick über das Zentrum des elsässischen Weinbaus auf die Vogesen.

die Küche dem Brathähnchen und seinen Karotten zukommen. Einen als Spezialität ausgewiesenen Mini-Gugelhupf aus Aspik mit eingearbeiteter Foie gras (und undefinierbaren Fleischstückchen) fand ich mehr gut gemeint als gelungen. Die Zwiebeltorte wurde durch zu üppige Eier-Sahne-Zutaten verharmlost, und die Schnecken lagen zusammen mit zu weichen Pilzen unter einer dicken Mehlsauce begraben. Erstklassig dagegen der Munster, während ein angemachter Ziegenquark (als Vorspeise) unerkannt als fader Bibeleskas hätte durchgehen können. Die Desserts beweisen noch einmal, daß die Küche auch Höheres anstrebt; sie sind aufwendig und delikat. Die Weinkarte ist, wie man es im Zentrum des elsässischen Weinbaus erwarten darf, etwas umfangreicher als in anderen Weinstuben; die Flaschenpreise liegen knapp unter oder deutlich über 100 Francs.

TAVERNE KATZ

Saverne, 80, Grand-Rue

Telefon 88 71 16 56

Dienstag und Mittwochmittag geschlossen

KÜCHE

✽ ✽

AMBIENTE

✽ ✽ ✽

Vom weinseligen mittelalterlichen Vorzeige-Elsaß ist Saverne ziemlich weit entfernt. Allerdings liegt es an der Autobahn nach Paris und ist daher problemlos und schnell zu erreichen. Paris-Reisende, denen hier, wo die Vogesen nur vier Kilometer breit sind, der Magen knurrt, finden in Saverne eine Bilderbuch-Winstub.

Das Städtchen ist nicht groß; seine Attraktionen sind der Rhein-Marne-Kanal, der mitten durch den Ort führt, sowie das Rohan-Schloß, das schon Goethe bewunderte. Er erkannte

Schon der Blick auf Theke und Anrichte beweist, daß Weinstuben-Atmosphäre auch außerhalb des Vorzeige-Elsaß zu finden ist.

darin das »rührige Wohlbehagen des Besitzers«. Seitdem ist es abgebrannt, wurde wiederaufgebaut und gemahnt heute eher an einen preußischen Zweckbau; tatsächlich diente es jahrzehntelang als Kaserne.

Nur wenige Schritte vom Schloßplatz entfernt in der Grand-Rue, welche hier eine kleine Fußgängerzone bildet, liegt unübersehbar das Haus Katz. Seine auffällig reich geschnitzte Fachwerkfassade ist von ungewöhnlicher Pracht.

Butzenscheiben und ein zweistöckiger spitzer Erker vervollständigen den Eindruck, daß den Bauherren im Jahre 1605 der

Ein wahrer Prachtbau von einem Fachwerkhaus (1605).

Rotweiß dekorierte Gemütlichkeit bis in den letzten Winkel verführt Paris-Reisende zum kurzen Abstecher von der Autobahn.

Begriff »Kunst am Bau« durchaus bekannt war. Im Parterre (im Sommer auch an einigen Tischen vor dem Haus) wird serviert. Die Gaststube ist klein, gemütlich und rotweiß dekoriert; die Kellner tragen rote Westen über dem weißen Hemd, wie es der Trachtenmode entspricht. Die von der Balkendecke herabhängenden Kupferschüsseln, die neckischen Genrebilder, die Strohblumen, Krüge, Flaschen sowie ähnliche Winstub-Requisiten – einschließlich der im bunten Holzhaferl servierten Rechnung – bilden den Rahmen, der elsässische Weinstuben so unverwechselbar macht. Auf der Speisekarte entdeckt man dann auch all die schönen Deftigkeiten: von der hausgemachten Gänseleberterrine bis zur zart gekochten Schweinszunge (*Schwine Tzingele*); vom Preßkopf bis zur Käsetorte.

Sauerkraut wird in verschiedenen Variationen angeboten (mit Würsten oder Leberknödel oder Pökelfleisch). Sehr gut gefiel mir ein Salat mit warmen Stückchen Kochfleisch (*La Salade de Pot au feu*), welcher fast eine vollwertige, angenehm gewürzte Mahlzeit ist. Ebenfalls hervorzuheben ist die *Timbale*

Ein Kellner serviert in der traditionellen Tracht.

de Volaille aux Ris de Veau sous Croûte. Das ist eine Teigpastete mit einer aromatischen Füllung aus kleingeschnittenem Hühnerfleisch und Kalbsbries. Im allgemeinen wird in der »Taverne Katz« solide gekocht, ohne daß die Küche den Ehrgeiz hätte, mit den Meistern der Nouvelle Cuisine in Konkurrenz zu treten. Daß die Spätzle sich bei meinem Besuch mit dem Fritieröl zusammengetan hatten, mag eine Spezialität des Hauses sein oder aber ein Vorkommnis der ungewollten Art. Erfreulich ist die Lek-

Ausgezeichnete Weine und solide gekochte Deftigkeiten machen aus einer Rast einen angenehmen Aufenthalt.

türe der Weinkarte wegen der ausgezeichneten Weine der Domaine Rolly-Gassmann in Rorschwihr, die zu den besseren des Elsaß zählen. Vor allem der Muscat mit seiner rassigen Fruchtigkeit ist herausragend; kein besseres Restaurant, wo er nicht als Aperitif empfohlen wird.

AUBERGE DES ALLIES

Sélestat, 39, rue des Chevaliers

Telefon 88 92 09 34

Täglich geöffnet

KÜCHE

✳

AMBIENTE

✳ ✳ ✳ ✳

Zwischen Straßburg und Colmar ist Sélestat der einzige größere Ort, ein Städtchen mit einem – wen wundert's – hübschen alten Stadtkern. Die rue des Chevaliers beginnt unter einem pittoresken Tor gleichen Namens (aber auch *Tour de l'horloge* genannt) und führt zur romanischen *Eglise Sainte-Floy.* Kurz vor diesem Sakralbau aus rotem Sandstein liegt auf

Ein wahres Prachtstück von Gaststube mit ringsum dunkel spiegelndem Holz erzählt von einem Jahrhundert zufriedener Gäste.

der linken Straßenseite die »Auberge«. Hier kann man auch wohnen; zwanzig neue Zimmer sind in dem Gebäude aus dem 14. Jahrhundert eingerichtet worden und bieten die nicht allzu häufige Möglichkeit, die elsässischen Nächte in modernem Komfort zu verbringen.

Die große Attraktion des Hauses sind jedoch die beiden alten, ineinander übergehenden Gaststuben. Sie bilden ein folkloristisches Environment von seltener Dichte. Fachwerk an den Wänden des rechten Raumes, Balkendecken, ein alter Kachelofen, Krüge, Schüsseln, Kupferzeugs, Bilder und Bildchen, ein roher Holzfußboden (hier war früher ein Bäckerei) sowie rote Tischdecken geben ihm eine rustikale Authentizität, wie man sie in einer elsässischen Weinstube zu finden hofft. Der andere, der linke Raum, ist ein Prunk- und Prachtstück. Vor ungefähr hun-

Monsieur Roesch, Besitzer der schönsten Weinstube weit und breit.

Himmlische Tartes sind der Stolz der Küche.

dert Jahren wurde er renoviert, und seitdem ist kaum etwas verändert worden. Decke und Wände sind vollständig mit Holz ausgeschlagen, welches im Laufe der Zeit eine wunderbare Patina angesetzt hat. (An dieser Stelle gebührt Dank all den Pfeifen- und Zigarrenrauchern, welche zweifellos dazu beigetragen haben.) Wie altes, glänzend poliertes Leder sieht das aus. Auch hier Bilder und dekorative Objekte an den Wänden. Unter den direkt aufs Holz gemalten Szenen aus dem Leben der Elsässer befindet sich auch ein Preußischer Adler, der die Zeitläufte ungestört überstanden hat. Die Klugheit der Besitzer – die Familie Roesch, die Hotel und Küche gemeinsam betreut – hat die übliche Modernisierung, also Vernichtung, der alten Details zu verhindern gewußt. Für mich zählt die braune (und abends gut ausgeleuchtete) Gaststube zu den schönsten des Elsaß.

Früher war die »Auberge des Allies« (mit den Alliierten sind übrigens die Engländer und die Belgier gemeint, die damals den Franzosen halfen, sich vom Preußischen Adler zu befreien) ein Zunfthaus. Serviert wird täglich mittags und abends, aber nur zu den üblichen Essenszeiten. Wegen der Hotelgäste kann man aber am Nachmittag auch Kaffee und Kuchen bestellen.

Auf der Speisekarte sind nur wenige Anklänge an die Tradition zu entdecken. Die allerdings zählen zu den besseren Seiten des Angebots. Der Salat mit Lyoner und Käse (*Salade de Gruyère et Cervelas*) erfreut die Zunge durch die Qualität der beiden Hauptbestandteile und ist überdies gut abgeschmeckt.

Die warme Fleischpastete nach Winzerart (die Hackfleischfüllung wird in Weißwein mariniert) gehört zu den Höhepunkten dieser Küche, und auch die *Quiche Lorraine* läßt keinen Wunsch offen. Schnecken sowie geräucherte Schweineschulter auf Linsen (*Palette de porc fumée*) oder ein leichtes Sauerkraut mit etwas salziger eingemachter Entenkeule, Zander in einer leichten Sahnesauce und die üblichen Steakvariationen vervollständigen das Angebot. Besonders gut geraten der Küche die Desserts. Enttäuschend ist dagegen die Weinkarte, auf der die regionalen Weine nicht eben glanzvoll vertreten sind. Ein zusätzliches Erlebnis ist ein Mittagessen am Dienstag, wenn vormittags in den Gassen der Altstadt der größte Straßenmarkt des Elsaß abgehalten wird.

LA COCCINELLE

Strasbourg, 22, rue Sainte-Madeleine
Telefon 88 36 19 27
Samstagmittag und Sonntag geschlossen

KÜCHE

✽ ✽ ✽

AMBIENTE

✽ ✽ ✽

Straßburg ist das Winstubn-Reservat schlechthin. Hier gedeihen sie noch unter idealen Bedingungen wie Nachbarschaft und Tradition, hier kann man ihre unterschiedlichen Erscheinungsformen studieren. Die Kneipen Straßburgs enthüllen mehr von elsässischer Lebensart als all die noblen und her-

Maison Kammerzell, das berühmteste Straßburger Bürgerhaus, im Schatten des grandiosen Münsterbaus.

vorragenden Gourmet-Restaurants im Land. Wahrscheinlich sind es letztlich nicht mehr als ein knappes Dutzend, die man eine »echte« Winstub nennen darf. Da es mir jedoch mehr um die Begegnung mit der Regionalküche geht als um ethnologische Kuriositäten, würde ich auch das wunderschöne »Maison Kammerzell«, das folkloristische »Maison des Tanneurs« alias »Gewerstub« sowie ähnliche Restaurants hier mit einbeziehen, wenn diese Touristenattraktionen nicht ohnehin weltweit bekannt wären.

Das Palais des Kardinals Armand de Rohan-Soubise (*Château Rohan*, erbaut 1730–1742), nur zehn Minuten von der Kathedrale entfernt, beherbergt mehrere Museen und ist auch sonst sehenswert. Die Terrasse des Schlosses endet an der Ill, die rund 60 Kilometer weiter südlich bereits an der Terrasse der Haeberlins vorbeigeflossen ist. Man überquert sie an der Brücke *Pont*

Jenseits der Ill ein rarer Lichtblick im Touristenrummel.

Ste-Madeleine, geht geradeaus weiter in die schmale rue Sainte-Madeleine, in der zahlreiche Innendekorateure ihre Läden haben, und nach nur 200 Metern gelangt man zum »La Coccinelle«.

Coccinelle heißt Marienkäfer, und das rote, schwarzgepunktete Insekt macht sich unübersehbar auf der Speisekarte, auf den Papierservietten und sonstwo in der Winstub breit. »La Coc-

Drei tüchtige junge Frauen haben »La Coccinelle« zu einer Oase für alle gemacht, die familiäre Atmosphäre und Genuß schätzen.

cinelle« ist nicht nur ein Biotop für den kleinen Käfer, es ist auch eine Oase in der Wüste der matschigen Fleischtorten und Ochsenmaulsalate aus Einlegesohlen. Man könnte die kleine Winstub ein Dreimädelhaus nennen, denn es ist fest in der Hand von drei überaus freundlichen und tüchtigen jungen Frauen. Seit vierzehn Jahren betreiben die beiden Schwestern Kayser die Winstub, die eine kocht, die andere leitet den Service, welcher aus der dritten jungen Dame besteht. Die Gäste sind fast ausschließlich Stammgäste aus der Nachbarschaft, Touristen sind selten. Ihr lässiger Freizeitlook würde hier unpassend erscheinen.

Dabei geht es in den zwei kleinen Stuben ganz rustikal zu. Die Trennwand besteht aus offenem Fachwerk, die Wände sind halb-

Hinter der offenen Fachwerkwand warten Stammgäste auf die Köstlichkeiten einer ungewöhnlich originellen Elsässer Küche.

hoch getäfelt. Vor allem im vorderen Raum hängt viel dekoratives Kupfer, steht viel Steingut herum. Vasen mit stets frischen Blumen und putzige Lampen kann man dem hier herrschenden weiblichen Einfluß gutschreiben.

An der Speisekarte ist er nicht abzulesen, auch wenn unter den Desserts die *Mousse au chocolat* und die *Crème caramel* als hausgemacht ausgewiesen sind und je nach Jahreszeit frisch gebackene Obsttorten angeboten werden. Ansonsten gibt es von allen elsässischen Spezialitäten etwas. Zusätzlich aber – und das ist das Besondere des »La Coccinelle« – werden hier fünf verschiedene Variationen vom Fohlenfilet angeboten (*Filet de Poulain*). Pferdefleisch gehört zur traditionellen Küche von Straßburg und der näheren, vor allem nördlichen, Umgebung. Im »La Coccinelle« ist es zweifellos die große Attraktion. Von einem guten Rindersteak überhaupt nicht zu unterscheiden, perfekt nach Wunsch gebraten, ist es für 85 Francs eine einmalige Gelegenheit, den Appetit auf ein zartes, saftiges Stück Magerfleisch zum halben Preis zu befriedigen.

Mir gefällt die Version in der leichten Pfeffer-Sahne-Sauce mit den vorzüglichen Spätzle am besten; obwohl auch das mit gehacktem Knoblauch bestreute Filet delikat ist (mit Bratkartoffeln). Doch die Vorzüge dieser Küche fangen nicht erst beim Hauptgericht mit dem Pferd an. Eine »*Salade Coccinelle*« besteht aus Frisée, Apfelspalten, Erdnüssen und auf den Punkt – also rosa – gebratenen Hühnerlebern – und ist köstlich! Der Blätterteig um die *Tourte vigneronne* hat nicht nur die richtige Konsistenz, sondern zusätzlich auch noch einen feinen Geschmack. Die Fleischstücke darin sind mir zu dick, wie überhaupt diese Vorspeise allein eine komplette Mahlzeit abgibt. Der Baeckeroffe: ebenso gelungen wie die Pflaumentorte; das Schokoladenmus ist von der leichten, feinen Sorte und wird unnötigerweise mit Schlagsahne serviert. Lediglich den kalten Munster mit heißen Kartoffeln empfand ich als zu simpel angesichts der übrigen Leckereien, der Zwiebeltorte fehlte es an Rasse.

Die Auswahl an Weinen ist bescheiden, ihre Qualität ordentlich. Das Sympathische am »La Coccinelle« ist neben der erkennbaren Sorgfalt, mit der Mademoiselle Kayser in der Küche arbeitet, die behagliche, fast familiäre Atmosphäre, die sich wohltuend von den vielen Touristen-Abfütterungsstätten in der Innenstadt unterscheidet.

HAILICH GRAAB

Strasbourg, 15, rue des Orfèvres
Telefon 88 32 39 97
Geöffnet: 10.00–13.00 Uhr und 15.15–21.30 Uhr
Sonntag und Montag geschlossen

KÜCHE

✻

AMBIENTE

✻ ✻ ✻ ✻

Die Münzgasse, wie die rue des Orfèvres auf deutsch heißt und von den älteren Straßburgern auch genannt wird, ist Fußgängerzone und eine der Hauptgeschäftsstraßen der Stadt. Neben Textilboutiquen, Uhrengeschäften und Auslagen mit Dingen des gehobenen Bedarfs, die es in allen Städten zu kaufen gibt und die niemand wirklich braucht, hat hier auch einer

Mit fröhlichem Dekor, Holzfußböden und großen Tischen ist die älteste Weinstube Straßburgs ein harmonisches Bild bester bürgerlicher Traditionen.

der besten Metzger Straßburgs seinen Laden, und es gibt eine kleine, aber gut sortierte Filiale der Pariser Weinhandlung Nicolas. Fast genau gegenüber, auf der anderen Gassenseite, vermutet man den Eingang zu einem spanischen Kloster oder zu einer verschwiegenen Geheimgesellschaft. So verschlossen, ohne Einblick ins Innere, von außen kaum als Weinstube zu erkennen, ist das »Hailich Graab«, daß Fremde am Haus vorbeilaufen, ohne zu ahnen, welches Kleinod sich hinter der dunkelgrünen Fassade verbirgt. Das »Hailich Graab« (auch »Au Saint-Sépulcre«

genannt) ist eine der ältesten und typischsten Winstubn der Stadt, gleichermaßen rustikal und familiär. So und nicht anders stellt man sie sich vor, die Treffpunkte der Bürger, die hier schon am frühen Vormittag ihr Viertel trinken und eine Knackwurst essen können. Die vielen Bilder an den Wänden, die rotweiß karierte Fröhlichkeit an den Fenstern, unter der Decke und auf

Zwischen bunten Tellern eine der *Specialités* des Hauses, die schon am frühen Vormittag geschätzt wird: Schinken im Blätterteig.

den Tischen; die alte Anrichte mit den Krügen; die gemütlichen Abteile, in denen man an großen Tischen sitzt; der Holzfußboden, der hölzerne Lambris – jedes Detail stimmt den Gast hier ein auf eine gastronomische Harmonie, wie sie mit Elsässer Gemütlichkeit nicht falsch bezeichnet wäre. Man fühlt sich so wohl, daß man großzügig über die beschränkte Auswahl und die Banalität der Küche hinwegsieht. Die Speisekarte ist kaum größer als eine Ansichtskarte vom nahen Münster. Was man zu essen bestellen kann, wird *Specialités* genannt und verdient die-

Mit filigraner Wucht überragt der Münsterturm die Altstadt.

sen Namen nicht. Denn da sind nur die Basisgerichte der Regionalküche, hausgemacht ist nichts, sogar das Sauerkraut fehlt. Die Zwiebeltorte ist noch ganz gut gewürzt und nicht so weich wie die *Quiche Maison*. Als Spezialität gilt der in Blätterteig eingebackene Schinken, welcher meistens zu salzig ist, während der Blätterteig – ursprünglich gut gebacken – im Laufe des Tages immer schwärzer wird. Am besten gefiel mir noch die Schweinezunge, sie war zart und auch sonst fehlerlos. Erstklassig (besonders in »laufendem« Zustand, was allerdings nicht sachgemäß ist) fand ich den Munster, und auch der Riesling im Krug gehört zu den Dingen, die die angenehme Atmosphäre noch verbessern, wozu nicht zuletzt der freundliche Service durch den Patron und die Damen des Hauses beiträgt. Die Preise sind gerechterweise sehr niedrig.

Kein kulinarisches Erlebnis also, aber doch ein Musterbeispiel für eine Gastronomie, die zuallererst aus Traditionen besteht und daraus ihren Reiz bezieht.

Ungewöhnliche Öffnungszeiten: Man kann hier zwar schon um 10.30 Uhr einen Kougelhopf essen und dazu Gewürztraminer trinken. Aber um 13 Uhr wird die Tür für zweieinhalb Stunden abgeschlossen.

MUENSTERSTUEWEL

Strasbourg, 8, place du Marché aux Cochons de Lait

Telefon 88 32 17 63

Sonntag geschlossen

KÜCHE

✻ ✻ ✻

AMBIENTE

✻ ✻ ✻

Auf den wohl touristischsten und turbulentesten Quadrat-metern der Stadt, an der place du Marché aux Cochons de Lait (Spanferkelmarkt) mit den herausgeputzten Fachwerkfassa-den, drängt sich Winstub an Winstub, hier stolpern Touristen über Schmuckverkäufer, Teppichhändler, Taschenspieler, über Musikanten, Gaukler und über ihresgleichen. In einem ununter-

Eine Oase im turbulenten Zentrum von Straßburg: Ruhe und gepflegtes Interieur unter gemütlich altmodischen Lampen.

brochenen Strom schlendern sie zwischen dem Münster und der Ill hin und her, verschwinden nur für kurze Zeit in den Anden-ken- und Postkartenläden.

In fast jeder anderen Stadt wären an einem strategisch derart wichtigen Platz die Filialen der Fast-Food-Industrie angesiedelt. Nicht so in Straßburg. Zwar bestimmt in den meisten Kneipen und Kleinrestaurants eine rationalisierte und konfektionierte Küche das Niveau. Aber es gibt auch das Auge des Orkans – das »Muensterstuewel«! Die zurückhaltende Plakatierung am Eingang ist kein Zufall: Dies ist die einzige Winstub am Platz, die im Sommer keine Tische vors Haus stellt, also ostentativ auf jene Bustouristen verzichtet, denen die Pommes frites nur schmekken, wenn sie sie auf der Straße essen können.

Im »Muensterstuewel« sind mittags die meisten Tische für Einheimische reserviert. Die Stammgäste wissen die verhältnismä-

Die Straßburger wissen die Vorzüge der kurzen, handgeschriebenen Speisekarte zu schätzen.

ßige Ruhe und das gepflegte Ambiente zu schätzen. Zu vermuten ist auch, daß ihnen viel daran liegt, ein Sauerkraut zu essen, wie es in dieser Qualität leider nicht alltäglich ist. Im »Muensterstewel« ist es außerordentlich fein geschnitten und hat sogar etwas von seiner Säure behalten dürfen, die anderenorts gern herausgewaschen wird. Als Salat serviert, ist es nicht mehr roh, sondern wird vorher sorgfältig blanchiert (dazu geröstete Brot- und Speckwürfel). Ganz vorzüglich schmeckt es auch als Sauerkrauttorte, deren Mürbeteigboden frisch gebacken und von

In den schmalen Gassen sind immer noch echte Trouvaillen zu entdecken.

Hinter dieser schlichten Tür werden Tradition und Qualität sorgfältig gepflegt.

makelloser Qualität ist; nicht anders die *Quiche Lorraine*. Der Patron, Monsieur Marcel Eby, backt auch die Obsttorten selbst, welche ebenfalls von nicht alltäglicher Qualität sind. Eine bessere warme Apfeltorte als bei ihm finde ich auch in einem Gourmet-Restaurant nicht.

Nicht nur das Backwerk, auch andere Gerichte überraschen durch unübliche Sorgfalt oder, was genauso selten ist, durch routinierte Perfektion. Das gekochte Ochsenfleisch ist mürbe, die dazu servierten Rohkostsalate haben, im Gegensatz zum üblichen Kaninchenfutter, sogar Geschmack.

Die Speisekarte ist kurz und verrät keineswegs einen ungewöhnlichen Drang nach Originalität. Aber geschnetzeltes Hühnerfleisch oder ein Lammspieß sind dann doch erfreuliche Abwechslungen zum geräucherten Schweinefleisch. Auch Fleischloses hält das »Muensterstuewel« für seine Gäste bereit. Ein heißer, halbgeschmolzener Ziegenkäse auf Salat zu Bratkartoffeln ist allen zu empfehlen, die eine Erholung vom Kasseler zu schätzen wissen. Für diese Zielgruppe ist auch der *Gratin savoyarde* gedacht (ein Kartoffelgratin mit Käse), der mir allerdings nicht nur ohne Fleisch, sondern auch ohne Salz serviert wurde. Nur wenige und durchschnittliche Weine.

Das »Muensterstuewel« ist vor nicht langer Zeit renoviert worden und präsentiert sich nun als gepflegte, maßvoll rustikale Bilderbuch-Winstub. An den Wänden die typischen Kupfertöpfe und Steingutteller, am Eingang die Theke, der Stammtisch in der Tiefe des Raumes. Im vorderen Teil der Gaststube profitiert man vom Tageslicht, das durch die Bogenfenster einfällt, und erfreut sich an einer schönen Kassettendecke. Vorne sitzen jedoch die Einheimischen – es sei denn, man kommt an einem ruhigen Tag außerhalb der Saison. Oder abends, wenn die altmodischen Lampen ein gemütliches Licht verbreiten und auf der place du Marché aux Cochons de Lait der Schnee unter den Schuhen der Passanten knirscht. Allerdings schneit es in Straßburg sehr selten.

AU PONT CORBEAU

Strasbourg, 21, quai Saint Nicolas
Telefon 88 35 60 68
Samstag und Sonntagmittag geschlossen.
Tischreservierung wird empfohlen

KÜCHE

✳ ✳ ✳

AMBIENTE

✳ ✳ ✳ ✳

Diese Perle von einer Winstub am Ufer der Ill, direkt gegenüber der »Ancienne Douane«, die so etwas wie das Straßburger Hofbräuhaus ist, existiert wie all die kleinen Kneipen in den schönen Häusern der Innenstadt schon seit Jahrhunderten. Wenn man die Gaststube betritt und sich umsieht, atmet man beruhigt auf: Ja, hier weht der Wind der Renaissance noch

Jenseits der Touristenmassen begeistern sich die Straßburger für unverfälschte Genüsse in einer einzigartigen Umgebung.

authentisch, hier beunruhigt nichts die resopalgeschädigte Empfindlichkeit. Die rotweiß karierten Tischdecken mit der weißen Papierauflage sind noch am ehesten als volkstümliches Detail zu erkennen. Ansonsten herrscht der verfeinerte, großbürgerliche Geschmack der Renaissance vor, das ist klar.

Klar schon, aber falsch. Denn dieses einmalig schöne Ambiente ist erst kürzlich von lokalen Handwerkern nach Vorbildern, die zwei Häuser weiter im entzückenden Elsässer Heimatmuseum zu besichtigen sind, installiert worden. Eine staunenswerte und bewunderungswürdige Leistung, wie ich meine. In ihrer filigranen Feinheit sind die Schreiner- und Malerarbeiten fast elegant zu nennen, obwohl die Pächter, Madame und Monsieur Andt, nichts dergleichen im Sinn haben. So gibt denn die Speisekarte eindeutig zu erkennen, worum es hier geht: um

Großbürgerlicher Renaissance-Stil – von lokalen Handwerkern nachgebaut.

Kundige Gäste entdecken Faszinierendes für Auge und Gaumen.

Regionalküche für kundige Gäste, die nicht unbedingt ein Vermögen dafür opfern wollen. Also erfreuliche Qualität und ebenso erfreuliche Preise. Da ist zunächst einmal das Angebot der offenen Weine. Es sind nicht viele, diese aber mit großem Sachverstand bei den besseren Winzern des Elsaß eingekauft. Die Auswahl der Flaschenweine, nicht übermäßig groß, verrät ein ähnliches Qualitätsbewußtsein. Dann geht es los mit Bibeles Käs und Bratkartoffeln und Preßkopf. Letzterer ist eine hausgemachte Terrine und erstklassig. Der Zwiebelkuchen dürfte sogar Fast-Food-Süchtige entzücken; der lauwarme (und etwas nichtssagende) fritierte Weißfisch gewinnt durch die herzhafte Vinaigrette. Ganz hervorragend der *Pot au feu,* weil darin ausschließlich bessere Stücke vom Rind gekocht werden, sowie die Blutwurst (*Boudin noir*), die wahlweise mit Kartoffelpuffer (*Grummbeerküchle*) oder Röstbrot serviert wird, wie es die Straßburger Tradition vorschreibt. Vielleicht die größte Leistung dieser ambitionierten Küche der Einfachheit ist der Kalbskopf. Er wird nicht, wie üblich, in mehr oder weniger großen Brocken zubereitet, sondern wie ein magerer Rollbraten aufwendig zusammenmontiert. Da bedarf es der drei verschiedenen Saucen (ich empfehle die Kapern!) gar nicht, um diese normalerweise derbe (wenn auch selten deftige) Hausmannskost zu einem Lieblingsgericht vieler Stammgäste zu machen. Diese setzen sich, weil »Au Pont Corbeau« nun doch schon dreihundert Meter vom Münster entfernt ist, überwiegend aus Einheimischen zusammen, die für die einfachen Genüsse zweifellos mehr Kennerschaft aufbringen als die Touristen und die Biederkeit der Kuchen großzügig übersehen.

STRISSEL

Strasbourg, 5, place de la Grande-Boucherie
Telefon 88 32 14 73
Sonntag und Montag geschlossen

KÜCHE

✳

AMBIENTE

✳ ✳ ✳ ✳

Darüber sind sich die Straßburger einig, daß »Strissel« die einzige der ursprünglichen Funktion entsprechende Winstub sei. Was damit gemeint ist, bezieht sich weder auf die Qualität der Küche noch des Kellers, sondern einzig und allein darauf, daß die Winstub – erstens – durchgehend geöffnet ist, und daß – zweitens – die Bürger der Nachbarschaft sich tatsächlich am Nachmittag an ihren Stammplatz setzen und Karten spielen,

Originelle Wandvertäfelung, verzierte Balken, bleiverglaste Fenster – diese urtypische Winstub ist ein Muster elsässischer Handwerkskunst.

während am Nebentisch das Sauerkraut dampft. Aus dieser Tradition bezieht »Strissel« seinen unübersehbaren Charme. Was die Küche bietet, ist, wie ein Straßburger Freund es nennt, korrekt, nicht mehr. Um es konkret zu sagen: Sie ist gründlich rationalisiert und konfektioniert. Nun trifft das, wie man weiß, auch auf andere berühmte Kneipen zu und beeinträchtigt die reizvolle Atmosphäre dieser Winstub überhaupt nicht. Es muß hier pflichtgemäß gemeldet werden, daß es alle Bestandteile der Hausmannskost gibt, außerordentlich preiswerte Tagesgerichte, und daß am Freitagabend der Baeckeoffa auf der Karte steht, den man, auf Vorbestellung für mehrere Personen, auch an anderen Tagen essen kann. Zweifellos würden das Sauer-

Die Winzer bei der Arbeit, festgehalten in buntem Glas.

kraut, der Preßkopf und die anderen Standardgerichte niemanden zur elsässischen Regionalküche bekehren können. Und dennoch! Wo sonst finde ich um vier Uhr nachmittags diese unerschütterlich geduldigen Serviererinnen, wo sonst wird mit der gleichen Liebenswürdigkeit ein Glas Bier oder eine Flasche Riesling an den Tisch gebracht? Das alles geschieht in einem Raum, der aussieht, als wäre er während der Blütezeit der kaiserlichen Bahnhofsrestaurants eingerichtet worden. Diese Fehleinschätzung ist zunächst einmal ein Kompliment an die elsässischen Handwerker, deren Wirken man nach der zehnten Winstub ohnehin nur mit Bewunderung registrieren kann. Renoviert wurde der »Strissel« nach dem letzten Krieg (die Anfänge des traditionsreichen Hauses liegen im Mittelalter). Dennoch möchte man schwören, in der authentischen Atmosphäre einer hundertjährigen Wirtsstube zu sitzen. An den in Mannshöhe angebrachten unzähligen Kleiderhaken haben bis vor einigen Jahren noch die verschiedenen Tageszeitungen gehangen, und die Zünfte, deren Wappen in den bleiverglasten Fenstern zu bewundern sind, hatten hier jahrhundertelang ihr Standquartier. Bier zur Brezl wird unter den plakativ angezeigten Gerichten ebenso gern getrunken wie ein offener Silvaner (der sich im Elsaß immer mit »y« schreibt). In der ersten Etage ist ein zweiter, fast schon prächtiger Gastraum, und vor der Haustür spielt sich am Mittwochvormittag ein Trödelmarkt ab. So, mit der Kathedrale im Rücken und dem Schloß Rohan vor sich, bleibt dem pflastermüden Bewunderer der schönen Stadt Straßburg sowieso keine andere Wahl, als sich hier zu stärken, wenn alle anderen Winstubn Pause machen.

AU TIRE BOUCHON

Strasbourg, 5, rue des Tailleurs de Pierre
Telefon 88 32 47 86
Sonntag und Montagmittag geschlossen

KÜCHE

❋ ❋

AMBIENTE

❋ ❋

Wenn man das Straßburger Münster verläßt, wo man vorsichtshalber dem hl. Antonius eine Kerze gestiftet hat (er hilft den Suchenden) und nun der schönsten Fassade des Elsaß, dem Haus Kammerzell, den Rücken zudreht, liegt vor einem die rue Maroquin. Ein kleines, abschüssiges Sträßchen, wo die Touristen vor den bunten Häusern sitzen und die ansässige Gastronomie durch den Verzehr von Sauerkraut, Schnitzeln und Eisbechern subventionieren. Die rue Maroquin führt zur Ill hinunter; aber schon nach hundert Metern öffnet sich zur rechten Hand eine winzige, schmale Gasse. Da dort für Tische und Stühle kein Platz auf dem Pflaster ist, macht sich kaum jemand die Mühe, an der rechten Hauswand den Schriftzug »Au Tire Bouchon« zu lesen, was auf deutsch *Zum Korkenzieher* heißt. Wegen seiner versteckten Lage inmitten des Touristentrubels ist

So präsentiert sich eine veritable Weinstube: frische Blumen, leckere Tartes – und vom vollen Weinregal baumelt der Namenspatron: ein Korkenzieher.

Selbst eine immer volle Stube kann die beiden guten Geister des Hauses nicht aus der Ruhe bringen.

»Au Tire Bouchon« eine Winstub für Einheimische geblieben. So schmal die Gasse ist, so eng geht es auch innen zu. Dort herrscht jenes Gemisch aus alter Bausubstanz und neuer Winstub-Dekoration, deren niedrigster gemeinsamer Nenner eine durch nichts umzubringende Gemütlichkeit ist. Weder das einzige Fenster aus kitschigem Buntglas noch die Klimaanlage können viel daran ändern.

Gleich am Eingang eine schöne, hohe Theke, geschmückt mit einem großen Blumenstrauß, wo man erfährt, ob denn in dieser verwinkelten kleinen Gaststube noch ein Tisch frei ist. An ein volles Haus ist man hier gewöhnt, das überfordert Küche und Service keineswegs. Die Speisekarte ist klein und dauerhaft. Sie beginnt mit Salaten in vielen Variationen, worunter ein Sauerkrautsalat eine solide Durchschnittsqualität bietet; die darauf angerichteten, gegrillten Fleischwurstscheiben manchmal auch. Die Zwiebeltorte ist auf einem Blätterteigboden aufgebaut und gut gewürzt. Beim Bibeleskäs (Quark) muß der Gast das Würzen selbst besorgen. Feingehackte Zwiebeln, Knoblauch und Petersilie liegen neben der großen Portion vorzüglicher Bratkartoffeln, welche traditionsgemäß dazugehören. Bratkartoffeln sind sozusagen die Spezialität des Hauses; sie werden zu

Das zauberhafte Straßburger »Klein-Venedig« an der Ill.

den verschiedensten Gerichten serviert. Zum Beispiel zu den Kutteln in Weißwein, die ganz hervorragend schmecken. Ich fand nur, daß sie hätten schmaler geschnitten sein können, was meine elsässischen Tischgenossen jedoch protestierend als nicht typisch ablehnten. So werden denn wohl auch die sehr großen Stücke vom Kalbskopf – ebenfalls gut abgeschmeckt – eine Eigenart der Region sein. Die eingemachte Entenkeule zum Sauerkraut (sehr befriedigend beides) ist es ebenfalls, weil, wie ich erfuhr, auch die Elsässer wie die Südwestfranzosen Entenstücke eingemacht hätten, nur seien sie früher reich geworden als jene und hätten deshalb »feiner« gegessen.

Allein auf elsässischem Boden gewachsen sind die Weine, von denen mir der offene und leichte Silvaner gefiel; die Flaschenweine stammen ausschließlich von Schaller in Mittelwihr. Der dort produzierte Sekt (*Crémant d'Alsace*) ist mit seinem zarten Mousseux und dem ausgewogenen Aroma eine kleine Überraschung. Das sind auch die Preise, welche ein weiterer Grund dafür sein dürften, daß dieser kleine Korkenzieher bei den Straßburgern so beliebt ist. Luxuriöse Toiletten.

ZUEM YSEHUET

Strasbourg, 21, quai Mullenheim
Telefon 88 35 68 62
Samstagmittag und Sonntag geschlossen

KÜCHE

✳ ✳

AMBIENTE

✳ ✳ ✳

Auch außerhalb der Straßburger Fachwerk-Idyllen im Zentrum der Stadt gibt es unzählige Winstubn und Kleinrestaurants. Der Fremde wird sie schwerlich entdecken, da sie von den historischen Sehenswürdigkeiten weiter entfernt sind. »Zuem Ysehuet« – der auch »Isehuet« geschrieben wird – geht man vom Château Rohan aus in nördlicher Richtung ungefähr zwanzig Minuten an der Ill entlang. Autofahrer, die, von Kehl kommend, auf der avenue de la Forêt Noire (die weiter westlich

Jenseits der Fachwerk-Idylle: ein romantisches Kleinrestaurant zwischen Jugendstilvillen und alten Bäumen.

avenue des Vosges heißt) fahren, erreichen das hübsche Restaurant auf diese Weise: Nach der ersten Brücke über die Ill (die »Vier-Männer-Brücke«, zu erkennen an den vier Fischern aus rotem Sandstein, welche den Abschluß des Brückengeländers bilden) rechts abbiegen und zweihundert Meter an der Ill entlang fahren. Auch hier ist, nicht weniger als in den mittelalterlichen Vierteln um das Münster, die Schönheit der Stadtarchitektur nicht zu übersehen. Kleine Villen aus den Gründerjahren oder der Zeit des Jugendstils, stattliche Häuser und Gärten mit altem Baumbestand zeugen von einer großbürgerlichen Vergangenheit.

Der »Ysehuet« ist wahrscheinlich das älteste Gebäude am quai Mullenheim; ein grün beranktes, romantisches Häuschen

Flußidylle und Gaumenfreuden im schönsten Restaurantgarten von Straßburg.

mit zwei Tischen vor der Tür und einem Wirtshausschild darüber, das einen eisernen Helm darstellt. Hinter dem Haus befindet sich der schönste Restaurantgarten Straßburgs, intim, verwunschen, fast ein wenig luxuriös. Bei schönem Wetter wird hier unter großen Sonnensegeln serviert. Auch die Gasträume im Parterre und im lichtdurchfluteten ersten Stock vermitteln den Eindruck eines gepflegten Kleinrestaurants. Die Rustikalität hält sich in Grenzen; andererseits wird prätentiöse Eleganz vermieden. Der »Ysehuet« ist zweifellos eine Winstub, aber von Folklore hält man hier wenig.

Die Preise sind so volkstümlich wie überall, wo nicht ein Dutzend Köche zum Trüffelschnitzen angestellt sind. Doch damit erschöpft sich die Biederkeit auch schon. Die Klientel des »Ysehuet« besteht fast ausschließlich aus arrivierten Geschäftsleuten, die vermutlich keine Lust haben, an diesem Tag wieder in einer der beiden berühmten Gourmet-Adressen der Stadt zu essen.

So ist denn auch die Speisekarte kein Katalog der regionalen Gerichte. Die Zwiebeltorte kommt zwar vor, ist auch passabel (mehr nicht), die Fleischknödel – östlich des Rheins würde man sie Buletten nennen – mit dem sie begleitenden, sanften Kartoffelsalat stellen sogar eine der besten Küchenleistungen überhaupt dar. Aber der Ehrgeiz der Küche liegt bei den Dingen, die wenig mit elsässischer Regionalküche zu tun haben. Allenfalls das Kaninchen in Gelee (ein bißchen sehr salzig) und eine kalte Roulade mit Wachtelfleischfüllung gehören mehr oder weniger zur Hausmannskost sowie die üblichen Schnecken.

Damit erschöpft sich aber die Loyalität gegenüber regionalen Traditionen. Kein Sauerkraut, kein Zander, nichts vom Schwein. (Allerdings – die Speisekarte wird häufig gewechselt!) Statt dessen eine ziemlich verunglückte Scheibe überbackener Lachs, welche kühn *Saumon soufflée* genannt wird wie das gleichnamige Meisterstück des Paul Haeberlin.

Zum Ausgleich kann man hier endlich einmal ein Kalbshirn essen sowie *Sot y laisse* (kleine runde Fleischstücke aus dem Rücken des Huhns, die zart sind und saftig sein können). Sie wurden in einer Rotweinsauce serviert. Bei den gebratenen Taubenbeinen im grünen Salat drängte sich eine ähnliche Sauce dazwischen. Hühnerbrust mit Morcheln, das klingt schon nach feiner

Küche, fällt hier aber nicht aus dem Rahmen. Die Gemüsebeilagen fand ich im Sommer erfreulich frisch und gut abgeschmeckt, die Nudeln (zum Huhn) erstklassig. Bei den Desserts machten das warme Apfeltörtchen und die kalte Pflaumentorte einen angenehmen Eindruck. Die *Mousse au chocolat* war griesig, also gräßlich. Keine große Auswahl an regionalen Weinen, aber der Riesling aus Turckheim von der Grand-Cru-Lage »Brand« ist hervorragend, auch der Gewürztraminer aus dem gleichen Ort verbreitet Freude.

Die bescheidenen Preise, die hübsche, fast ländliche Umgebung und das Gefühl, dem Touristentrubel entronnen zu sein, machen den »Ysehuet« zu einer originellen und lohnenden Adresse im großen Angebot der Stadt Straßburg.

Eine arrivierte Klientel schätzt Ambiente und Küche des »Ysehuet« als originelle Alternative zu berühmten Gourmet-Tempeln.

Die Weinlese beginnt.

CHEZ YVONNE

Strasbourg, 10, rue Sanglier
Telefon 88 32 84 15
Sonntag und Montagmittag geschlossen

KÜCHE

✻ ✻ ✻

AMBIENTE

✻ ✻ ✻ ✻

Straßburgs populärste Winstub heißt offiziell »'s Burjer-stuewel«. Aber da die gemütliche Kneipe wegen Yvonne so beliebt ist, gehen die Straßburger nicht ins »Burjerstuewel«, sondern »zu Yvonne«. (Geschlecht: weiblich, Haare: dunkel, Brille: weiß, besondere Kennzeichen: unmenschlich gut gelaunt.) Es ist nicht übertrieben, wenn man feststellt, daß Yvonne in dieser Stadt eine ähnliche Funktion hat wie Regine in

Das I-Tüpfelchen in dieser beispielhaften Winstub sind die zauberhaften Blumenarrangements der weithin beliebten Hausherrin.

Paris. Kein Wunder, daß die beiden Stockwerke des schmalen Eckhauses in der Fußgängerzone am Münster mittags und abends hoffnungslos überfüllt sind. Ihren Arbeitstag beginnt Yvonne mit dem Arrangement der unzähligen Blumen, die sie in ihrer Winstub verteilt. Doch nicht nur deshalb sind die beiden kleinen Räume von beispielhafter Gemütlichkeit – die selten angenehme Beleuchtung trägt auch dazu bei. Außerdem: Balkendecken, Holztäfelung, rotweiß kariert die Tischdecken und Gardinen. Die Tische sind durch halbhohe Trennwände voneinander abgeteilt; die Gäste sitzen auf Bänken, vor sich einen Schoppen Wein (jede Traubensorte ist glasweise zu haben, einschließlich des Edelzwickers, welcher keine Traubensorte, sondern ein Verschnitt ist), und sind froh, daß sie zu den Glückli-

Yvonne ist eine echte Straßburger Institution.

So sieht das Ideal einer elsässischen Weinstube aus.

chen gehören, die hier einen Platz gefunden haben. Der Raum im ersten Stock ist, wenn man die Einzelheiten beurteilt, womöglich noch hübscher als der im Parterre, doch sitzt man oben ziemlich eng, und außerdem will, wer hier einkehrt, unten sitzen, das ist nicht anders als bei »Lipp« in Paris. Gottlob ist die Küche besser als dort. Hervorragend die originelle Sauerkrauttorte als kapitale Vorspeise. Auch die *Tourte Vigneron* zeichnet sich durch eine besonders aromatische Füllung aus, die hier nicht aus Hackfleisch, sondern aus kleinen Fleischstückchen besteht. Die Schnecken werden *à l'Alsacienne* zubereitet, was bedeutet, daß sie kleiner sind als die dicken aus Burgund und in deutlich weniger Butter dahergeschwommen kommen. Eine gewisse Leichtigkeit – wenn die denn mit der elsässischen Küche überhaupt in Verbindung zu bringen ist – kennzeichnet mehr oder weniger alle Speisen aus der Küche von Yvonne. (Nein, kochen tut sie nicht selbst, das überläßt sie ihrem Küchenchef.) Da ist beispielsweise die Schweinezunge, welche hier so sanft, so zart und delikat auf den Teller kommt, wie man es dem Schwein gar nicht zutraut. Da ist der gefüllte Schweinemagen schon eher eine Spezialität von großer Deftigkeit, die vernünftigerweise mit einem sehr säuerlichen Salat serviert wird. Das Angebot an Flaschenweinen ist gering, und Menüs oder Gerichte, die nicht zur regionalen Küche zählen, fehlen. Yvonne weiß, was ihre Gäste wollen. Oder – was sicher auch richtig ist – die Gäste wollen, was Yvonne will. Die gegenseitige Liebe jedenfalls ist überschwenglich.

D'ZEHNERGLOCK

Strasbourg, 4, rue du Vieil Hôpital
Telefon 88 32 87 09
Sonntag und Montagmittag geschlossen

KÜCHE

✳ ✳

AMBIENTE

✳ ✳

Im historischen Kern Straßburgs, zwischen dem Münster und dem südlichen Ufer der Ill, kommt der Besucher angesichts der gotischen Architektur, der Renaissance-Fassaden und der barocken Pracht aus dem Staunen nicht heraus – und an den Winstubn nicht vorbei. Fast jedes Haus beherbergt eine Kneipe,

Erinnerungen an anno dazumal: Während Fremde damals die Stadt Punkt zehn verlassen mußten, genießt man heute die heimelige Stimmung.

die den Spaziergänger mit Sauerkraut-Altären und Knackwurst-Tabernakeln zum Glauben an die regionale Deftigkeit bekehren möchte. Eine der Adressen, bei der dies Spaß macht, liegt gleich beim »Strissel« um die Ecke, dort wo sich am Mittwochvormittag der Trödelmarkt breitmacht: »D'Zehnerglock«.

Den merkwürdigen Namen verdankt die Winstub einer mittelalterlichen Gepflogenheit. Um zehn Uhr abends mußten alle

Gute Laune ist bei Vater und Sohn Kautt immer zu Hause.

Eine Erholung von allzu viel Folklore und Weinstuben-Seligkeit.

Nichtansässigen vor die Stadttore, welche daraufhin geschlossen wurden. Am nächsten Morgen durften sie wieder rein – allerdings erst nach Bezahlung des üblichen Tributs! So hat man auch damals schon das Haushaltsdefizit ausgeglichen. Ein großes Zifferblatt, dessen Zeiger auf zehn Uhr stehen, ist in der »Zehnerglock« Teil eines Wandbilds und erinnert an die Schlauheit der damaligen Stadtkämmerer.

Nach all den Fachwerk-Idyllen ringsumher wirkt diese Winstub mit ihrer sparsamen Folklore geradezu erholsam. Natürlich sind auch hier die Tischdecken kariert, existieren Balken und bestimmt die rote Farbe das Dekor. Doch die Fotos an den Wänden künden nicht von elsässischem Biedermeier, sondern von den Stationen im Leben des Patrons. Monsieur Kautt ist nicht nur Wirt, er musiziert, singt und steht auch schon mal mit der Weinflasche in der Hand einem Fotografen Modell.

Hier in der »Zehnerglock« unterhält er seine Gäste mit guter Laune und kessen Sprüchen; seine Frau und sein Sohn arbeiten in der Küche. Und was sie dort kochen, ist erfreulich! Die Speisekarte verzeichnet auf den ersten Blick nichts Ungewöhnliches, ist eher kurz: die üblichen Salate (mit Fleisch, Wurst und/oder Käse), die Zwiebeltorte, der Quark mit Bratkartoffeln. Letztere sind häufig Beilage auch bei den Fleischgerichten und beim Sauerkraut. Dieses enthält Knoblauch und ist auch sonst gewürzt, was ja beim Straßburger Sauerkraut keineswegs selbstverständlich ist. Schließlich gibt es hier zwei Spezialitäten, die für mich der Höhepunkt dieser Familienküche sind: saure Schweinenieren und Kutteln. Beide Gerichte sind hervorragend abgeschmeckt, zeichnen sich durch feine, leichte Sahnesaucen aus sowie durch die tadellose Konsistenz der Innereien.

Weine werden überwiegend im Krug angeboten, Coca-Cola gibt's auch, und angesichts der niedrigen Preise hat man den Eindruck, Monsieur Kautt wolle die Beutelschneiderei der Stadtkämmerer wiedergutmachen.

Wer in Straßburg nach oben schaut, begegnet dem Münsterturm.

Auftakt zu kulinarischen Erlebnissen mit Elsässer Tradition.

CAVEAU DU VIGNERON

Turckheim, 5, Grand-Rue

Telefon 89 27 06 85

nur Abendessen

Montag geschlossen

KÜCHE

✳ ✳ ✳ ✳

AMBIENTE

✳ ✳

In Turckheim, westlich von Colmar, an den Hängen der Vogesen gelegen, wachsen nicht nur einige der schönsten Rieslinge des Elsaß. Der Ort, dessen Kern innerhalb der alten Stadtmauern wunderbar erhalten ist, hat auch eine ruhmreiche Geschichte: Vor den Toren der Stadt schlug Marschall Turenne 1675 das kaiserliche Heer, das sich daraufhin aus dem Elsaß

Liebevoll kümmert sich die Dame des Hauses um den passenden Rahmen für Torten und Desserts, die weithin ihresgleichen suchen.

zurückzog. Die Buntheit des Fachwerks, die Butzenscheiben, die auffälligen Wirtshaus- und Ladenschilder an den Häusern der Hauptstraße sowie die herrlichen Höfe in den Nebengassen machen Turckheim zu einer herausragenden Touristenattraktion. Auch der »Caveau du Vigneron« ist eine Besonderheit, nämlich unter den elsässischen Winstubn eine der besten und originellsten. Seine Originalität besteht darin, daß der Caveau tatsächlich, wie der Name sagt, in einem alten Weinkeller eingerichtet ist, welcher nicht, wie sonst üblich, mit einem gewissen Komfort versehen wurde, sondern dessen höhlenartiger Cha-

rakter noch betont wird. Dafür sorgen unter anderem die ruß-
grauen, nackten Wände, die Bänke ohne Lehnen, die alte Trau-
benpresse, die Balkendecke und – die Finsternis. Auf den
Tischen brennen vergeblich einsame Kerzen; zwei, drei lei-
stungsschwache Lämpchen sollen vermutlich die Höhlenbären
davon abhalten, hier Quartier zu beziehen; Helligkeit verbreiten

**Rußgeschwärzte Balken und Wände, Kerzenlicht, Delikates aus Küche und Keller
– Feinschmeckers »Höhlenbären«-Idylle par excellence.**

sie nicht. Ich muß gestehen, daß ich kein Maulwurf bin und mich
in solchen Dunkelkammern (die es ja auch, als Nachtclub verkleidet, in den Großstädten gibt) nicht wohl fühle. Deshalb sind
die zwei Punkte fürs Ambiente Ausdruck meines persönlichen
Mißbehagens. Die Mehrheit der Gäste, das weiß ich wohl, findet
solche Schummrigkeit einfach wonnig. So sie unter meinen
Lesern sind, mögen sie sich noch zwei Punkte hinzudenken.
Übrigens gibt es auch im ersten Stock des Caveau ein paar
Tische, und dort ist es angenehm hell. Doch oben will niemand
sitzen...

Die Weinberge von Turckheim, idealer Boden für erlesene Riesling-Weine.

Das Angebot der Küche auf der Speisekarte ist ein fast verstörendes Understatement. Die Karte ist klein, und was da aufgeführt wird, ist wenig: die üblichen Fleisch- und Zwiebeltorten, das Sauerkraut, die Froschschenkel, ein überbackenes Kalbskotelett zu Ehren des Marschalls, Obsttorten, *Soupe de fruits rouge* (eine Art rote Grütze), Schokoladenmus. Kein Fisch, keine Kutteln, kein Kalbskopf, kein Geflügel, keine Leberknödel. Notgedrungen nimmt man mit dem Vorhandenen vorlieb. Doch dann kommt die Überraschung: Alles schmeckt hervorragend! Die *Tourte de Vallée* ist frisch gebacken, der Fleischinhalt grob haschiert – also nicht zu dick, nicht zu dünn – und perfekt gewürzt. Der Käsesalat besticht durch eine feine Vinaigrette, die Zwiebeltorte ist endlich einmal so, wie sie sein sollte. Monsieur Helschger, der Küchenchef, der zusammen mit seiner Frau den Caveau seit fast zwanzig Jahren betreibt, ist stolz darauf, daß diese Dinge täglich frisch gemacht werden. »Um 18 Uhr ist meine Küche leer, da backt das alles noch in den Öfen!« Dazu gehören auch die Obsttorten, die sich darüber hinaus, wie alle Produkte der kleinen Küche, durch einen vorzüglichen Geschmack auszeichnen. Einen Höhepunkt bilden – das darf nicht verschwiegen werden – die Froschschenkel, welche auf zweierlei Art zubereitet werden, immer mit frischen Champignons, einmal in einer feinen Rieslingsauce (*à l'Alsacienne*) und einmal provenzalisch mit Knoblauch.

Das Angebot an elsässischen Weinen ist ebenso klein, wie die Speisekarte kurz ist. Nur vier weiße und drei rote Weine, alle aus Turckheim von der Domaine François Baur – und alle erstklassig! Da die Preise trotz der deutlich höheren Qualität dieser Küche ebenso niedrig sind wie in anderen Winstubn, ist der »Caveau du Vigneron« fest in der Hand von Stammgästen aus der näheren und weiteren Umgebung. Geöffnet wird ab 18 Uhr, und wer erst um 22 Uhr kommt, kriegt auch noch was zu essen.

REZEPTE

Vorspeisen
Fischgerichte
Wild und Geflügel
Fleischgerichte
Desserts

Auf den folgenden Seiten sind einige der schönsten und
besten Rezepte, die man in den Elsässischen Weinstuben
und Restaurants findet, gesammelt. An ihnen kann jeder
zu Hause selbst nachvollziehen, daß die
bürgerlich-elsässische Küche mit Recht als delikate
Vorstufe der subtilen Haute Cuisine gelten darf.

Vorspeisen

Winzersalat

Für 4 Personen:
16 Blatt Eichblattsalat, Eisbergsalat, Kopfsalat, Rapunzel
(4 Blätter von jedem Salat pro Teller) · 200 g geriebener Schweizer Käse
4 Cervelatwürste · 1 Tomate · 1 hartes Ei · 1 gehackte Zwiebel
etwas gehackte Petersilie und eine Vinaigrette

4 Teller mit verschiedenen Salaten unterschiedlicher Farbe garnieren (Eichblattsalat, Kopfsalat, Rapunzel, Eisbergsalat). Die Haut der Cervelatwürste entfernen und die Würste der Länge nach aufschneiden, in feine Halbmonde schneiden und je eine Wurst auf einen Teller geben. Darüber ungefähr 50 g frisch geriebenen Schweizer Käse streuen, gehackte Zwiebel und gehacktes Ei zugeben und mit Vinaigrette übergießen.
Mit gehackter Petersilie bestreuen und servieren.

Pochierte Eier auf Sauerampfer
mit Gewürztraminer

Für 4 Personen:
8 Eier · ½ l Gewürztraminer · 100 g Sauerampfer · 150 g Weißbrot
3 Eßlöffel Essig · Salz · Butter · Kalbsfond

4 Scheiben Weißbrot zu Rechtecken schneiden, die mit ein wenig Butter in der Pfanne angebraten werden.
Den Sauerampfer waschen und zerpflücken und in Butter leicht andünsten. Beiseite stellen.
1 Liter Wasser und 3 Eßlöffel Essig in einem Stielkochtopf erhitzen, jedoch nicht zum Kochen bringen. In der Zwischenzeit in zwei kleinen Töpfen den Gewürztraminer einkochen lassen. In den ersten Topf wird Butter einmontiert, in den zweiten der Kalbsfond dazugegeben. Würzen und beiseite stellen. Die Eier 4 Minuten lang im Essigwasser pochieren. Gleichzeitig vier vorgewärmte Teller bereithalten, das geröstete Brot und den Sauer-

ampfer darauf anrichten. Jeweils 2 Eier mit einem Schaumlöffel vorsichtig auf die Teller geben. Die helle Sauce auf die eine Teller-seite gießen, die dunkle Sauce auf die andere Seite, ohne daß sich die Saucen mischen. Mit rohem zerpflücktem Sauerampfer bestreuen und heiß servieren.

Warmer Schweinebackensalat mit Linsen und Gänseleber

Für 4 Personen:

8 Schweinebacken · 350 g Gänseleber · 1 Zwiebel

1 Karotte · ¼ Sellerieknolle · 1 Kräuterstrauß (Thymian und Lorbeer)

250 g grüne Linsen aus Puy · 1 dl trockener Weißwein

1 Eisbergsalat · 1 Strauß Kerbel · 1 Schalotte · 3 Eßlöffel Weinessig

1 dl Erdnußöl · 4 Eßlöffel Olivenöl · ½ Zehe Knoblauch

Salz · Pfeffer · 1 Eßlöffel Senf

Die Linsen am Vortag einzeln sortieren und einweichen. Die Schweinebacken 1 bis 1½ Stunden in einer Bouillon aus Wasser, Weißwein und Zwiebel, Karotte, Sellerie und Kräuterstrauß kochen (Court-Bouillon). Die Linsen in der Schweinebacken-bouillon 30 Minuten kochen, dann abschütten und mit einer im Mixer hergestellten Vinaigrette begießen. Sie besteht aus: Scha-lotte, Knoblauch, Erdnußöl, Olivenöl, Salz, Pfeffer, 1 Eßlöffel Senf.

Die Gänseleber in 4 Schnitzel zerteilen. Salzen, pfeffern, in Mehl wenden und in der Pfanne braten.

Die Linsen auf einem Bett aus Eisbergsalat oder Löwenzahn anrichten. Die 8 Schweinebacken aufschneiden und auf die Lin-sen legen. Mit ein wenig übriger Vinaigrette beträufeln. Auf jeden Teller ein gebratenes Gänseleberschnitzel geben. Mit Kerbel-blattstückchen bestreuen.

Jedes Messer erzählt eine Geschichte.

Gänseleberschnitzel – Panaché

Für 10 Personen:

1,2 kg ganz frische Gänseleber von bester Qualität
200 g weiße Rüben · 200 g Perlzwiebeln · 60 g Wirsing
300 g Renette-Apfel oder Boskop · 10 Scheiben Weißbrot · guter Rotwein
Salz · Zucker · Butter · Mehl

Vorbereitung der Beilagen: Die schönsten Wirsingblätter in viel Salzwasser kochen. Wenn sie gar, aber noch knackig sind, mit einem Schaumlöffel in eiskaltes Wasser tauchen, um das kräftige Grün der Blätter zu erhalten. Die weißen Rüben schälen, ohne die Stengel völlig zu entfernen (sie sind ein origineller Bestandteil der Präsentation). In gutem Rotwein mit Salz, Zucker und Butter garen, bis die Flüssigkeit völlig verkocht ist und die Rüben von einer glänzenden Schicht überzogen sind. Die Perlzwiebeln in einer Pfanne Farbe annehmen lassen.

Die geschälten und von Kernen befreiten Äpfel mit Zitrone beträufeln und in Scheiben oder Schnitze schneiden, in einer Mischung aus Mehl und Zucker wenden und vorsichtig am Herdrand in ein wenig Butter braten, bis sie gar und gelbbraun karamelisiert sind. Zubereitung der Leber: mit einer Messerspitze die feine Haut, die die Leber umgibt, entfernen und das Fleisch in etwa 40 g schwere Scheiben schneiden, alle Sehnen entfernen, ohne die Schnitzel zu beschädigen. Die Scheiben dann salzen, leicht pfeffern und in heißes Öl tauchen und von beiden Seiten auf dem sehr heißen Grill garen. Sie müssen innen noch blutig sein, um rosa serviert werden zu können. Warm stellen, während der Kohl noch einmal in der Brühe pochiert wird. Das Weißbrot in ein wenig Butter Farbe annehmen lassen.

Die Gänseleberschnitzel auf heißen Tellern mit den diversen Beilagen anrichten und servieren.

———————

Karpfensülze mit Fenchel und Pfeffer

Für 6 Personen:
1 Karpfen von ungefähr 2 kg · 2 Fenchelknollen · 1 Zitrone
10 g zerstoßener Pfeffer · Salz
Für die Sülze: 500 g Fischreste und Gräten
200 g Gehacktes vom Fisch · 1 Zwiebel · 100 g frische Champignons
1 Karotte · 1 Kräuterstrauß (Petersilie, Lorbeer, Thymian)
Salz · Pfeffer · 1 dl Weißwein · 1 l Wasser · 4 Blatt Gelatine

Den Karpfen in Filets zerlegen, die Gräten entfernen und die Haut abziehen. Vorbereitung des Gelees: Zwiebel und Karotte schälen und in kleine Stücke schneiden, die Champignons putzen. Fischabfälle und Gräten, Gemüse, Kräuterstrauß, Weißwein, Wasser, Salz und Pfeffer in einem großen Kochtopf zum Kochen bringen und 30 Minuten köcheln lassen. Inzwischen die Gelatine in kaltem Wasser einweichen. Den Fischsud auf ¼ Liter Flüssigkeit einkochen lassen. Durch ein Spitzsieb geben und die verschiedenen Zutaten darin auspressen. Die ausgewrungenen Gelatineblätter und das Fisch-Gehackte dazugeben und beiseite stellen.
Die Karpfenfilets salzen und mit zerstoßenem Pfeffer bestreuen. Eine Nacht lang in Zitronensaft marinieren lassen. Den Fenchel 20 Minuten lang in sprudelndem Wasser mit etwas Zitronensaft kochen. Abgießen und abkühlen lassen. Die Knollen in 1 cm dicke Scheiben schneiden. In einer Pfanne die Fischfilets kurz auf jeder Seite 2 Minuten lang braten. Ein wenig Gelee in eine Terrinenform geben und fest werden lassen. Dann eine Schicht Fenchel darübergeben. Von neuem Gelee dazugießen und wieder in den Kühlschrank stellen. Auf dem erstarrten Gelee eine Schicht Filets anrichten, wieder mit Gelee übergießen und so weiter, bis die Terrine schließlich gefüllt ist.
Einige Stunden im Kühlschrank härten lassen.
Die Terrine stürzen und in Scheiben aufschneiden. Dazu kann geschlagener Sauerrahm gereicht werden.

Leichte Froschschenkelsuppe,
Elsässische Klößchen und Perlgraupen

Für eine Person:
100 g frische Froschschenkel (ohne Knochen)
20 g Perlgraupen · 100 g Rindermark · 70 g passiertes Weißbrot
100 g Petersilie · 50 g Schalotten · 1 Ei · 5 cl Noilly-prat-Butter
10 g Karotten · 10 g Zucchini · 60 cl Geflügelfond
10 g saure Sahne · Kerbel

Froschschenkelsuppe: Die Knochen der Froschschenkel zertrümmern. In einem Schmortopf 2 in feine Streifen geschnittene Schalotten, die Petersilienstiele und zerdrückten Kerbel und die Knoblauchzehe anbraten, die Knochen dazugeben und gut 5 Minuten anschwitzen lassen. Mit Noilly ablöschen, einkochen lassen und Geflügelfond dazugeben. Um die Hälfte einkochen lassen, durchseihen und den Sauerrahm dazugeben. Noch 2 Minuten kochen lassen und dann abschmecken.
Beilage: Karotten und Zucchini in winzig kleine Würfel von 1 mm Kantenlänge schneiden. In Butter in einer Pfanne garen. Die Perlgraupen in ein wenig Salzwasser kochen.
Elsässer Klößchen: 70 g Weißbrot und 100 g Rindermark durch ein Sieb streichen. Das Rindermark in einer Schüssel zur Emulsion schlagen, bis eine schaumige Paste entstanden ist. Das ganze geschlagene Ei dazugeben. Gut mischen. Das passierte Weißbrot, eine Messerspitze feingehackte Schalotten und gehackte Petersilie einarbeiten. Salzen, pfeffern und ein wenig Muskatnuß darüberreiben. Klößchen rollen und in einer gesalzenen Hühnerbouillon garen.
Zubereitung der Froschschenkel und Anrichten: Die Froschschenkel in Butter in einer Pfanne mit einer Messerspitze Schalotten schmoren. In der Tellermitte aufschichten, mit Perlgraupen und Gemüsen bestreuen. Die Klößchen darum herumsetzen. Die Bouillon erhitzen, ein nußgroßes Stück Butter hineingeben und durchmixen, damit viel Schaum entsteht. In den Teller gießen und mit Kerbelblättern verzieren.

Schnecken-Gugelhopf

Für den Teig: 300 g Mehl · 1½ Glas Milch · 100 g Butter · 3 Eier
10 g Bäckerhefe · 1 Teelöffel Salz · 1 Prise Zucker
Für die Farce: 2 kg Champignons · 12 Dutzend Schnecken · 2 Eier
2 Messerspitzen Knoblauch · 1 Prise 4 Gewürze · Salz · Pfeffer
Für die Sauce: Glas Weißwein · 2 Gläser Crème fraîche · 300 g Butter
2 gehackte Knoblauchzehen

Das Mehl aufhäufeln und Eier, Milch, Hefe, Salz und Zucker dazugeben. Gut durchkneten. Wenn die Mischung einen homogenen Zustand erreicht hat, nach und nach die weiche Butter einarbeiten. Eine Stunde im Kühlschrank ruhen lassen.
Die Champignons mit Gewürzen und Knoblauch garen, anschließend sehr fein hacken und durch ein Sieb passieren. Schnecken und 2 geschlagene Eier darunterziehen.
Den Teig mit einem Wellholz auf ½ cm Stärke ausrollen. Vorsichtig eine Gugelhopf-Form damit auslegen und die Farce einfüllen. Eine Stunde im Ofen backen (Thermostat 7).
Für die Soße: Ein wenig Weißwein in einer Kasserolle einkochen lassen, Crème fraîche dazugeben, weiter einkochen lassen, die kleingehackten Knoblauchzehen und die Butterstückchen hinzufügen. Den Gugelhopf in Scheiben aufgeschnitten und mit Sauce überzogen servieren.

Der Ganzeltopf

Für 8 Personen:
1 Gans von ungefähr 3 kg · 300 Karotten · 150 g Lauch · 200 g Zwiebel
100 g weiße Rüben · 400 g Wirsing · 200 g Sellerie · 1 kg Kartoffeln
3 Knoblauchzehen · 2 Lorbeerblätter · 2 Gewürznelken · ½ l Silvaner

Am Vortag: Die Gans in 4 Teile zerlegen und mit grobem Salz einreiben.
Am nächsten Tag: Die Gänseteile abwischen und in ihrem eigenen Fett eine halbe Stunde lang schmoren.
Die Gemüse waschen, schaben und in Stücke schneiden. Einen großen Steinguttopf mit Gänsefett einfetten und mit einer Knob-

lauchzehe ausreiben. Die Terrine mit den verschiedenen gewürzten Gemüsen auslegen und das Gänsefleisch in die Mitte plazieren. Mit dem Silvaner begießen und mit Wasser auffüllen. Den Deckel auf die Terrine setzen und die aufeinanderstoßenden Topfränder mit einer Mischung aus Wasser und Mehl hermetisch verschließen.

Bei Mittelhitze zweieinhalb Stunden im Ofen garen.

Wachteltorte »Père Floranc«

8 große Wachteln · 250 g Stopfleber · 150 g Schweinebrust
150 g von Sehnen befreites Kalbfleisch · 3 Äpfel Golden Delicious
40 g ganze Mandeln · 40 g Walnußkerne · 80 g trockene Backpflaumen
50 g getrocknete Weintrauben oder Sultaninen
4 Scheiben Ananas · 2 Bananen · 40 g Butter · 20 g Salz
10 g Zucker · 10 g frischer Ingwer · Muskatnuß
4-Gewürze (Pfeffer, Muskat, Ingwer, Nelken) · 20 g Schalotten
3 cl weißer Rum · 3 cl Rum St. James · 2 cl Portwein · 500 g Blätterteig

Aus Schweine- und Kalbfleisch, den Wachtellebern und 10 g Salz, den Schalotten, einer Prise Muskatnuß und einer Prise 4-Gewürze eine feine Farce bereiten. Die Wachteln von Knochen befreien. Teilen Sie die Stopfleber in 8 Portionen, von denen Sie jede mit der Farce umhüllen, und geben Sie jede in die Mitte der wieder zusammengesetzten Wachteln. Die Wachteln in Butter in einer Pfanne auf starker Flamme anbraten, mit weißem Rum flambieren und abkühlen lassen. Die Mandeln im Ofen grillen. Äpfel, Bananen und Ananas kleinschneiden. Die entkernten Backpflaumen, Weintrauben oder Sultaninen, gehackten Ingwer, eine Messerspitze Zimt und eine Prise Salz und Zucker dazugeben und 30 Minuten in St.-James-Rum ziehen lassen.

Die Hälfte des Blätterteigs auf 4 mm Stärke ausrollen und eine Pasteten-Form in Keramik damit ausschlagen, buttern und einen Rand von 2 cm überstehen lassen.

Eine dünne Schicht der Früchte auf dem Teig verteilen, den Zwirn, mit dem die Wachteln zugebunden waren, entfernen und diese kreisförmig in regelmäßigen Abständen und mit der Brust nach oben an den äußeren Rand auf den mit Früchten bedeckten

Teig legen. Die Zwischenräume mit den übrigen Früchten auffüllen und mit gegrillten Mandeln und Walnußkernen bestreuen. Den übrigen Teig auswellen und einen Deckel ausschneiden und diesen mit Hilfe von Eigelb mit dem übergeschlagenen Rand verkleben.

In die Deckelmitte einen kleinen Schornstein schneiden und die Wachteln mit einem Blatt aus Teig markieren. Nach Geschmack verzieren und mit Eigelb bestreichen.

45 Minuten lang im heißen Ofen backen. Nach Ende der Backzeit den mit Porto versetzten Saft durch den Schornstein auf die Wachteln gießen. Vor dem Servieren 10 Minuten ziehen lassen.

In der Küche der Winstub »Kunsthafe« in Fegersheim.

Fischgerichte

Elsässisches Fischragout mit leichter Rieslingsauce

Das Fischragout ist ein Gericht, das hauptsächlich im Ried,
zwischen Ill und Rhein, gegessen wird. Es besteht aus Süßwasserfischen,
die der Fischer am Tag selbst gefangen hat.
Das Fischragout besteht meist aus mehreren Fischsorten und wird gern
mit frischen, in Butter geschwenkten Nudeln serviert.

Für 4 Personen:
Hecht · lebende Aale · Schleien · Zander · Barsch · Forelle
insgesamt 2 kg Fisch · 1 l Süßwasserfischsud · ½ l Riesling
20 cl dicke Crème fraîche · 250 g frische, feste und weiße Champignons
150 g Butter · Salz · Pfeffer · Muskatnuß
Petersilie · Kerbel · Schalotten

Die Fische schuppen, ausnehmen, waschen und in Stücke
schneiden. Ein wenig Butter in eine Kasserolle geben und die
Schalotten goldgelb schmelzen. Mit Riesling ablöschen und auf
die Hälfte einkochen lassen. Den Fischsud zugeben und erhitzen, aber nicht zum Kochen bringen. Die Fische salzen und die
Aalstücke 5 Minuten kochen. Das Feuer zurückdrehen und die
Scheiben von Hecht und Schleie dazugeben. Drei Minuten später
mit dem restlichen Fisch auffüllen. Den Topf mit einem Deckel
schließen und zehn Minuten ohne Kochen ziehen lassen. ¾ des
Fischsuds in eine Stielpfanne geben (der Fisch wird im restlichen Sud warm gestellt) und auf ungefähr 10 cl einkochen lassen. Vom Feuer nehmen und Crème fraîche dazugeben. Wiederum einkochen lassen, bis die Sauce den Löffel überzieht. Butter einmontieren, indem unter ständigem Schlagen nach und
nach nußgroße Stückchen zugegeben werden. Will man eine
leichtere Sauce erhalten, so kann man das Ganze beim Zufügen
der Butter kurz durchmixen. Schließlich die in Scheibchen
geschnittenen und in Butter angebratenen Champignons hineingeben (zwei Tropfen Zitrone beim Anbraten verhindern, daß sie
schwarz werden).

Die Fische auf einer Metallplatte anrichten, die Sauce dazugeben und mit Salz, Pfeffer und Muskat würzen. Mit Alufolie bedecken und noch einmal kurz im Ofen erhitzen. Vor dem Servieren mit frisch zerpflückten Kräutern und Blätterteiggebäck garnieren.

Süßwasserfischragout in Riesling

Für 4 Personen:
1 Hecht von ungefähr 1 kg · 1 große Schleie · 1 Zander von ungefähr 1 kg
1 großer Aal · ½ l Court-Bouillon · 30 g Mehl · 30 g Butter
¼ l Crème fraîche · Champignons · 1 Flasche Riesling · 1 Zwiebel
1 Kräuterstrauß · Salz · Pfeffer · Aluminiumfolie

Den Hecht, die Schleie und den Zander ausnehmen, den Aal ausnehmen und enthäuten. Jeden Fisch in vier Portionen zerteilen. Aus ½ Liter Wasser, 1 Flasche Riesling, 1 gehackten Zwiebel, dem Kräuterstrauß, Salz und Pfeffer eine Court-Bouillon bereiten. Die Fische darin in der angebenen Reihenfolge pochieren: Aal 15 Minuten, Hecht, Schleie und Zander 10 Minuten. Die Stücke herausnehmen, auf einer Platte anrichten und mit Alufolie bedecken.
Zubereitung der Sauce:
Die Court-Bouillon auf die Hälfte einkochen lassen. Mit 30 g Butter, in die 30 g Mehl eingearbeitet worden sind, binden. ¼ Liter Crème fraîche dazugeben. Abschmecken und nach Bedarf salzen und pfeffern. Kleine Champignons in die Sauce geben. Den Fisch mit der Sauce überziehen.
Als Beilage Butternudeln reichen.
Die Empfehlung des Kellermeisters: Riesling.

Fische auf Sauerkraut

Für 4 Personen:

1,2 kg Sauerkraut · 3 kleine Zwiebeln · 3 Knoblauchzehen

300 g geräucherte Schweinebrust oder -haxe · 10 g Wacholderbeeren

5 g Kümmel · ½ Lorbeerblatt · 1 Zweig Thymian · Salz · Pfeffer

20 cl trockener Weißwein · 70 g Gänsefett · 400 g geräuchertes Schellfischfilet

400 g Steinbuttfilet · 400 g Seeteufel · 100 g ausgelöste rosa Garnelen

300 g Muscheln

Für die Sauce:

400 g Butter · 4 gehackte Schalotten · 15 cl Weinessig · 10 cl Weißwein

15 cl Crème fraîche

In eine Kasserolle das Gänsefett, die 3 feingeschnittenen Schalotten und die gehackten Knoblauchzehen geben. Glasig dün-
sten (ohne daß Zwiebel und Knoblauch Farbe annehmen). Ein
halbes Lorbeerblatt, einige Wacholderbeeren, zwei Teelöffel
Kümmel und einen Zweig Thymian in ein Stück Mull einschla-
gen, verschließen und in die Kasserolle geben. Das zweimal in
warmem Wasser gewaschene Sauerkraut zu den angebratenen
Zwiebeln und dem Knoblauch geben. Es muß gut zwischen beiden Handballen ausgedrückt worden sein. Zusammen mit dem
Schweinefleisch in den Topf legen und 2 Gläser trockenen Weißwein (Riesling, Silvaner oder weißen Sancerre) darübergießen.
Ein Glas Wasser, zwei bis drei Prisen grobes Salz und fünf bis
sechs Runden aus der Pfeffermühle zufügen. Im geschlossenen
Topf ungefähr 1½ Stunden köcheln lassen. Warm stellen.
Die Fische: Die Schellfischstücke von ungefähr je 100 g in kalte
Milch legen. Kurz aufwallen lassen und 10 Minuten lang pochieren. Heiß stellen. Ein wenig Butter in eine Auflaufform geben,
eine gehackte Schalotte hineinstreuen, ein Glas trockenen Weißwein und ein Glas Wasser dazugießen. Die weißen Fische salzen
und pfeffern und in die Form legen. Mit einem Stück Alufolie
zudecken und für 10 Minuten in den Ofen schieben, aber nicht
kochen lassen. Die Auflaufform aus dem Ofen nehmen, die
Fische vorsichtig umdrehen und in ihrem Sud bis zum Servieren
ziehen lassen.
Die Sauce: Gehackte Schalotten, Essig und Weißwein in eine Kasserolle geben. Auf starker Flamme völlig einkochen lassen und

dann die Crème fraîche dazugeben. 2 Minuten kochen lassen, dann auf kleine Flamme zurückdrehen. Die in kleine Stückchen geschnittene Butter dazugeben und mit einem Schneebesen so lange schlagen, bis sie völlig geschmolzen ist. Salzen und pfeffern und durch ein Haar- oder Spitzsieb geben. Die Fischstücke mit dieser Sauce überziehen.

Anrichten: Das Sauerkraut auf heiße Teller verteilen. Den Schellfisch und die anderen Fische auf das sehr heiße Sauerkraut geben. Einige Muscheln und rosa Garnelen dazulegen und mit Sauce überziehen. Sofort servieren. Das Schweinefleisch dient nur zur Aromatisierung des Kohls.

Forellenfilet-Trio
mit Sauerkraut und Kümmel

Für 4 Personen:
2 einfache Forellen · 2 Lachsforellen · 4 geräucherte Forellenfilets
200 g rohes Elsässer Sauerkraut · ½ l Pinot Blanc (Weißburgunder) · Lauch
Zwiebel · Schalotten · Salz · Kümmel · ½ l Crème fraîche
(8 gekochte Kartoffeln als Beilage)

Die Forellen in Filets zerlegen und aus den Gräten, dem Pinot Blanc, Lauch, Zwiebel und Schalotten einen Sud bereiten, der 20 bis 25 Minuten kochen muß. Anschließend durch ein Haarsieb geben und beiseite stellen.

Das Sauerkraut mit ¾ des Fischsuds und dem Wein zum Kochen bringen. Die Fischfilets in einen gebutterten Bräter geben und drei bis vier Minuten im Ofen garen. Sauce: Das restliche Viertel des Fischsuds mit Schalotten, Pinot Blanc und Crème fraîche einkochen lassen. Während des Einkochens den Kümmel dazugeben und schließlich Butter einmontieren und abschmecken.

Die Filets auf vier vorgewärmten Tellern anrichten, das gekochte Sauerkraut darüberstreuen, mit Sauce überziehen und je zwei gekochte Kartoffeln dazugeben. Es ist wichtig, das Sauerkraut über den Fisch zu streuen und nicht den Fisch auf das Sauerkraut zu setzen.

Rare Tropfen aus besten elsässischen Kellereien.

Lachsschnitzel in Ottrott

Für 4 Personen:
4 Lachsschnitzel von 130 bis 150 g · 4 Schalotten
¼ l Rotwein aus Ottrott · ¼ l Crème fraîche
50 g Butter · Salz · Pfeffer

Vorbereitung und Kochen:
Eine Auflaufform leicht buttern und die vorher gewürzten Lachsschnitzel hineinlegen. Mit Fischsud und Rotwein aus Ottrott begießen und auf schwacher Flamme zum Aufwallen bringen. In diesem Moment die Form in den vorgeheizten Ofen schieben und bei 180° (Thermostat 6) 5 bis 8 Minuten garen. Die Schnitzel herausnehmen und warm stellen.
Zubereitung der Sauce:
Den Sud in einer Kasserolle aufkochen lassen, Crème fraîche zugeben und auf die Hälfte einkochen lassen. Die Sauce durchseihen und – ohne sie noch einmal zu erhitzen – die Butter einarbeiten. Den Fisch auf einer heißen Platte anrichten, mit Sauce überziehen und servieren.
Mit Petersilie oder Kräutern garnieren und als Beilage Reis oder Salzkartoffeln servieren.

Zanderschnitzel mit gesalzenem durchwachsenen Speck auf Elsässer Art

Für 4 Personen:
400 g Sauerkraut · 1 Kräuterstrauß (Thymian, Lorbeer,
Pfefferkörner, Holunderbeeren) · 2 Zwiebeln · 8 Knoblauchzehen
¾ l Weißwein · 1 Eßlöffel Gänseschmalz
1 Zander von 1 kg · 400 g gesalzener durchwachsener Speck · 2 Schalotten
½ l Crème fraîche · 2 cl Weinessig · 30 g Senf
2 Petersilienstengel · 30 g Salz

Zwiebel und Knoblauch in feine Stifte schneiden, im Gänseschmalz erhitzen und das Sauerkraut, ½ Liter Weißwein, den Speck und den Kräuterstrauß dazugeben und salzen. Auf kleiner Flamme eine Stunde kochen lassen.

Den Zander in feine Schnitzel von ungefähr 50 g schneiden und mit einem nußgroßen Stück Butter anbraten.

Den Weißwein mit Essig und gehackten Schalotten einkochen lassen, die Crème fraîche dazugeben und salzen und pfeffern. Im letzten Moment 30 g Senf und den Saft einer halben Zitrone dazugeben. Das Sauerkraut in die Mitte eines Tellers geben und die Zanderschnitzel und Specksscheiben drum herum anrichten. Mit Senfsauce übergießen.

Zanderfilet aus dem Rhein mit Meerrettich-Sabayon

Für 4 Personen:
1 kg Zanderfilet · 50 g Butter · 2 gehackte Schalotten
25 cl eingekochter Fischsud · 2 cl dicke Sahne · 6 Eigelb
100 g geriebener Meerrettich · Schnittlauch
Salz · Pfeffer

Das Zanderfilet in vier Stücke von ungefähr 250 g zerteilen. In eine gebutterte Auflaufform geben und mit Schalotten bestreuen. Den eingekochten Fischsud darübergießen und 6 Minuten im heißen Ofen garen.

Zubereitung der Sauce:

Eigelb, Sahne und drei Eßlöffel des Fischsuds in eine Kasserolle geben. Diese Mischung auf kleiner Flamme so lange schlagen, bis sie die Konsistenz einer Creme angenommen hat, den Meerrettich zugeben und salzen und pfeffern. Im Wasserbad warm stellen.

Den Fisch aus dem Ofen nehmen und abtropfen lassen. Auf heißen Tellern anrichten, das Sabayon dazugießen und mit gehacktem Schnittlauch bestreuen.

Marinierte Heringsstreifen mit
Maizwiebeln und Spargelcreme

Für 6 Personen:
6 gesalzene Heringe · 2 Maizwiebeln · 1 Lorbeerblatt
25 cl Crème fraîche · 1 Eßlöffel Senf · 1 Eßlöffel Öl · 10 Pfefferkörner
1 Teelöffel Essig · 24 Stangen Spargel

Die Heringe putzen und 48 Stunden wässern, das Wasser mehrmals wechseln. Am dritten Tag die Heringe enthäuten, in Filets zerlegen, mit kleingeschnittener Zwiebel und einem Lorbeerblatt in einen großen, tiefen Teller nebeneinanderlegen.
Den Spargel in Salzwasser 20 bis 30 Minuten kochen, auf einem Handtuch abtropfen lassen, die Spitzen abschneiden und beiseite stellen, den Rest in einem Sieb auspressen. Mit Senf, Öl, Essig und Crème fraîche verrühren, etwas Pfeffer aus der Mühle und 10 Pfefferkörner zugeben. Filets und Spargelspitzen damit überziehen und 48 Stunden marinieren lassen.
Die Filets der Länge nach in 4 Streifen schneiden, um so viele Gräten wie möglich zu entfernen.
Zum Servieren Spargelspitzen zwischen die Heringsstreifen einschieben, mit Maizwiebelmarinade überziehen.

In der Küche des »Cheval Blanc«.

Wild und Geflügel

Fasanenbrüstchen mit Wacholderbeeren

Für 4 Personen:
2 junge Fasane · Traubenkernöl · Wacholder · Senf · Pfeffer
Für die Sauce:
die Rümpfe der Fasanen · 6 Schalotten · 1 Karotte · 1 Kräuterstrauß
20 Wacholderbeeren · 1 Stück Sellerie · 25 cl Riesling · 25 cl Crème fraîche
50 g sehr kalte Butter · Salz · Pfeffer

Am Vortag die Fasanenbrüstchen entfernen und die Haut abziehen. Leicht mit Senf bestreichen, mit Salz und Pfeffer würzen und in eine Terrine geben, Traubenkernöl aufgießen und marinieren lassen. Die Knochen zertrümmern und in ein wenig Öl Farbe annehmen lassen. Getrennt davon die gehackten Schalotten und die feingeschnittenen Karotten leicht in Butter anbraten. Wenn die Knochen gut gebräunt sind, das Fett abschöpfen, Schalotten und Karotten dazugeben und mit Weißwein ablöschen. Auf die Hälfte einkochen lassen.

Dieselbe Menge Wasser dazugießen und mit dem Kräuterstrauß und Sellerie eine Stunde kochen lassen. Durchseihen und den Fond auf 10 cl einkochen lassen, die Crème fraîche und die vorher zerdrückten Wacholderbeeren dazugeben. Wiederum einkochen lassen, bis die Sauce dick wird, und in diese die 50 g Butter einmontieren und abschmecken. Die Fasanenbrüstchen etwa 8 Minuten braten, bis sie leicht rosafarben sind. Aufschneiden, auf einem Teller anrichten und die Sauce darum herumgießen.

Dazu ein Pfifferlingsfrikassee oder frische Elsässer Nudeln reichen oder Elsässer Beilagen. Dazu eine Handvoll ungekochter Nudeln in ein wenig Butter anbraten, bis sie eine schöne goldgelbe Farbe angenommen haben, und über einen Teller mit frischen Nudeln streuen.

Hahn in Riesling

Für 4 Personen:

1 Hahn von 1,5 bis 2 kg · 5 cl Cognac · ¼ l Riesling

50 g Butter · etwas Öl · 1 Tasse magere Bouillon · 1 Kräuterstrauß

30 g feingeschnittene Schalotten · 1 dl Crème fraîche · 150 g Champignons

Muskatnuß · Majoran · Petersilie · 1 Knoblauchzehe · Salz · Pfeffer

Den Hahn in Stücke zerlegen und diese in der Mischung aus Butter und Öl goldgelb braten, die feingeschnittenen Schalotten dazugeben und leicht bräunen lassen. Das Fett abschöpfen und die Fleischstücke mit Cognac flambieren, mit Riesling ablöschen und die Bouillon aufgießen. Den Kräuterstrauß dazugeben und 30 bis 40 Minuten kochen lassen, je nachdem, wie gar das Fleisch ist. Die Fleischstücke herausnehmen und den Bratenfond auf ¾ einkochen lassen. Crème fraîche dazugeben und kochen lassen.

Dann die Sauce durchpassieren, Butter einmontieren und die feingeschnittenen Champignons zufügen und eine Minute mitkochen lassen.

Mit Spätzle oder frischen Nudeln servieren.

»Wantzenau«-Küken im Cidre-Essig

Für 4 Personen:

4 je 500 g schwere Junghühner · ½ l Crème fraîche · Cidre-Essig

Senf · Gartenkräuter · feines Paniermehl · ¼ l Weißwein

Salz und Pfeffer

Die vier Junghühner ausnehmen, jeweils den Rücken aufschneiden und die Wirbel durchtrennen. Salzen und pfeffern.

Im Ofen bei 180°C 25 Minuten lang braten. Übergießen Sie die Junghühner mit einer Mischung aus Cidre-Essig, Senf, gehackten Gartenkräutern, Salz und Pfeffer. Mit feinem Paniermehl bestreuen und zu Ende garen. Die Junghühner sind jetzt leicht überbacken und knusprig. Das Bratenfett abgießen und den Fond mit ¼ Liter Weißwein ablöschen. Einkochen lassen. ½ Liter Crème fraîche dazugeben und wiederum auf die gewünschte

Beschaffenheit einkochen lassen. Wenn nötig, würzen. Mit Reis servieren.

Die Empfehlung des Weinkellners: Riesling oder Pinot Noir.

Rehkitzmedaillons mit frischen Nudeln und Pfifferlingen

**1 Rehkitzkeule von 1,5 kg · 300 g Pfifferlinge · 50 g Butter
60 g Schalotten · 3 dl dicke Crème fraîche · Kalbsfond · Salz · Pfeffer
Muskatnuß · Wacholderbeeren · Heidelbeerkonfitüre
Für die Nudeln:
500 g Mehl · 6 Eier · 10 g Salz · ½ Glas Wasser**

Vorbereitung: Bereiten Sie die Nudeln am Vortage vor: Das Mehl auf dem Tisch aufhäufeln und die Eier und das Salz einarbeiten. Gut verkneten, um einen festen Teig zu erhalten. Bei Bedarf Wasser hinzufügen. Den Teig dann eine halbe Stunde ruhen lassen. So fein wie möglich ausrollen und auf einem Küchentuch trocknen lassen. Sobald die Teigstücke getrocknet sind, aufrollen und in feine Streifen schneiden, auf dem Tuch verstreuen und so die Nacht über ruhen lassen. In sprudelndem Salzwasser kochen.

Den Knochen aus der Rehkitzkeule entfernen; salzen, pfeffern, gemahlene Wacholderbeeren und Heidelbeerkonfitüre dazugeben und die Keule zusammenbinden. Im sehr heißen Ofen 15 bis 20 Minuten garen. Herausnehmen und warm stellen.

Die Pfifferlinge mit den gehackten Schalotten in Butter anbraten. Mit Crème fraîche und Kalbsfond ablöschen. Mit Salz, Pfeffer und Muskatnuß würzen. Die heißen Nudeln dazugeben, mischen und auf Teller verteilen. Die Keule in feine Scheiben schneiden und auf den Pfifferlingsnudeln anrichten. Sofort servieren.

Hasenpfeffer auf alte Art

1 Hase oder 1 Kaninchen · 100 g Butter · 3 Eßlöffel Mehl
¾ l Riesling · 150 g schwach geräucherter Speck · 5 Knoblauchzehen
3 Schalotten · 2 Karotten · 2 kleine Zwiebeln
250 g Champignons · 1 kleines Glas Cognac · etwas Thymian
2 Lorbeerblätter · Petersilie · Salz · Pfeffer · 2 Eßlöffel Öl

Am Vortag das Fleisch in Portionen zerteilen und zum Marinieren in einen tiefen Topf legen. Salzen, pfeffern, Thymian und Lorbeerblätter über dem Fleisch verteilen und dann Petersilie, die kleinen Zwiebeln, die in Rädchen geschnittenen Karotten, 2 Eßlöffel Öl und 1 kleines Glas Cognac hinzufügen. Mit Riesling begießen und gut mischen. Den mit einem Deckel verschlossenen Topf eine Nacht in den Kühlschrank stellen. Am nächsten Tag den Speck in sehr kleine Stücke schneiden und 5 Minuten in kochendem Wasser blanchieren, abtropfen lassen und in ein wenig Butter im Topf anbraten, in dem der Hase geschmort wird. Nach einigen Minuten die in Butter glasig gedünsteten Zwiebeln und die feingeschnittenen Champignons (3 bis 4 mm) zugeben und anschließend alle Zutaten aus dem Schmortopf nehmen und beiseite stellen. Etwas Butter zum Fett geben und darin die abgetropften und abgetrockneten Karotten und Zwiebeln aus der Marinade schmoren lassen. Nach 5 Minuten mit 3 Eßlöffeln Mehl bestäuben und Farbe annehmen lassen. Dann die abgetropften und abgetrockneten Fleischstücke dazugeben und mitbraten lassen, den Topf schütteln, damit das Fleisch gut bräunt. Die Knoblauchzehen zerdrücken und mit dem Wein und Thymian, Lorbeer und Petersilie zum Fleisch geben. So lange kochen lassen, bis sich aus Wein und Mehl eine Sauce gebildet hat. Den Topf schließen und 45 Minuten köcheln lassen. Von Zeit zu Zeit umrühren, damit die Sauce nicht anbrennt. Die Fleischstücke dann herausnehmen und die Sauce durchpassieren. Das Fleisch mit dem Speck, den Zwiebeln, den Champignons und dem übrigen Cognac wieder in den Schmortopf geben und noch einmal 45 Minuten köcheln lassen. Mit in Öl geröstetem Weißbrot anrichten und frische Nudeln dazu servieren.
Die Empfehlung des Kellermeisters: Riesling oder Pinot Noir.

Taube auf Schnepfenart
nach Straßburger Manier

Für 4 Personen:

4 Masttauben von ungefähr 450 g · 50 g Butter · Salz und Pfeffer

Für die Farce: 30 g Butter · 1 gehackte Schalotte · die 4 Taubenlebern

60 g Stopfleber · 1 dl Crème fraîche · Salz und Pfeffer · 4 herzförmig

zugeschnittene Scheiben Weißbrot

Für die Sauce: 15 g Butter · 50 g Karotten · 50 g Zwiebeln · 30 g Sellerie

2 gehackte Schalotten · 3 dl Rotwein · 2 cl Cognac · 2 cl Armagnac

2 dl braunen Fond · 60 g Stopfleberwürfel

Die Tauben abflämmen, ausnehmen und zusammenbinden, die Lebern beiseite stellen. 50 g Butter in einer kleinen Schmorpfanne schmelzen, die Tauben salzen und pfeffern und in der geschmolzenen Butter 8 bis 10 Minuten im sehr heißen Ofen unter ständigem Begießen mit ihrem Saft braten.

Sobald sie gar sind, die Flügel und Schenkel mit einem kleinen Messer abschneiden und zwischen zwei tiefen Tellern warm stellen.

Zubereitung der Farce: Die gehackte Schalotte und die 4 Lebern kurz in ein wenig Butter anbraten. Aus der Pfanne nehmen und abkühlen lassen. In einem Mixer die Lebern, die Stopfleber, Crème fraîche und ein wenig Butter zerkleinern, salzen und pfeffern. Die 4 Weißbrotherzen in heißer Butter rösten. Mit der Hälfte der Farce bestreichen und warm stellen.

Zubereitung der Sauce: Die Gemüse in winzige Würfel schneiden, dämpfen und beiseite stellen. Die Taubengerippe zertrümmern und wieder in den Schmortopf geben, Farbe annehmen lassen, die gehackten Schalotten und feingewürfelten Gemüse dazugeben, mit Cognac und Armagnac flambieren, mit Rotwein ablöschen und um ein Drittel einkochen lassen; den braunen Fond dazugeben, kaum weiter einkochen lassen, und die Sauce dann durch ein feines Spitzsieb seihen. Mit der zweiten Hälfte der Farce binden und die in Würfel geschnittene Stopfleber hineingeben. Aufkochen und vom Herd nehmen, salzen und pfeffern.

Anrichten: Jede Taube auf einen Teller geben, mit Sauce überziehen und mit den gerösteten Weißbrotscheiben garnieren. Dazu

Frühlingsgemüse reichen (Bohnen, Karotten und weiße Rüben, junger Knoblauch) und Maisküchlein.
Empfohlene Weine: Chorey les Beaune, St. Julien, Château Beychevelle.

Eingekochte Entenschenkel mit Sauerkraut

Für 4 Personen:

4 Entenschenkel · 800 g rohes Sauerkraut
1 Eßlöffel Gänse- oder Entenfett · 2 Knoblauchzehen · Wacholderbeeren
grobes Salz · Pfeffer · 1 Glas Weißwein · Wasser

Am Vortag die Entenschenkel gut mit grobem Salz einreiben und eine Nacht ruhen lassen. Das noch am Fleisch klebende Salz dann entfernen und die Schenkel in eine ofenfeste Schmorpfanne legen. Auf dem Feuer im eigenen Fett anbraten, bis sie eine schöne goldgelbe Farbe angenommen haben. Zwei Glas Wasser dazugießen und bei sehr milder Hitze (100–120°) ungefähr 3 Stunden im Ofen garen. Nach Bedarf Wasser zugeben, damit das Fett nicht anbrennt und schön hell bleibt.
Das Sauerkraut, je nach Säuregrad, ein- oder zweimal waschen und in eine Kasserolle aus Inox oder einen gußeisernen Schmortopf geben. Vier Glas Wasser, einen Eßlöffel Gänse- oder Entenfett, feingehackten Knoblauch, einige Wacholderbeeren, grobes Salz und Pfeffer zufügen. Eineinhalb Stunden kochen lassen (das Sauerkraut muß noch knackig sein) und nach ¾ der Garzeit 1 Glas Weißwein (Riesling oder Edelzwicker) dazugießen. Zu diesem Gericht kann man Bratkartoffeln reichen. Ein Riesling Altenberg aus Bergheim paßt am besten zu dieser Mahlzeit. Er ergänzt das Sauerkraut und verbindet sich sehr gut mit dem Entenfleisch.

Stilleben am Küchenbord.

Fleischgerichte

Baeckeoffe in Pinot Noir

Für 8 bis 10 Personen:
600 g Schweinenacken oder -schulter ohne Knochen · 600 g vom
Knochen befreite Lammschulter · 600 g Rinderschulter oder Tafelspitz
1 Schweinsfuß · 1 Schweineschwanz (nach Belieben)
Für die Marinade: 1 Flasche Pinot Noir · 1 Kräuterstrauß · Salz · Pfeffer
Petersilie · Elsässer Gewürze
Beilagen: 2 kg Kartoffeln · 3 große Zwiebeln · 3 Lauchstangen
(nur das Weiße) · 1 Stück Sellerie (50 g) · 6 Knoblauchzehen
50 g Gänsefett oder Schweineschmalz · grobes Salz

Am Vorabend eine Keramikterrine mit Gänsefett oder Schweineschmalz ausreiben, das Fleisch im Stück hineinlegen und mit
dem Kräuterstrauß, 1 Teelöffel Gewürzen, Petersilie und ein bißchen Salz würzen und Pinot Noir darübergießen. Mit einem Dek-
kel verschließen und eine Nacht marinieren lassen. Am nächsten Tag Zwiebel, Lauch und Sellerie in Stücke schneiden, die
Knoblauchzehen fein hacken und mit 2 Eßlöffeln grobem Salz
vermischen. Die Kartoffeln in ½ cm dicke Scheiben schneiden.
Die feingehackten und gesalzenen Knoblauchzehen auf das
Fleisch streuen und je eine Lage Zwiebel, Lauch und Sellerie darauf verteilen. Schließlich alles mit den Kartoffelscheiben bedek-
ken. Die Terrine muß zu ¾ mit Flüssigkeit gefüllt sein, andern-
falls ein wenig Wasser dazugießen. Den Deckel aufsetzen und
mit einem Teig aus 50 g Mehl, 1 Löffel Öl und 1 Löffel Wasser verkleben. Das Gefäß muß hermetisch abgeschlossen sein. Den
Ofen auf Thermostat 7 aufheizen, die Terrine für zwei Stunden
hineinschieben, dann auf Thermostat 6 hinuntergehen und eine
weitere Stunde garen lassen. Nach 3 Stunden kann die Terrine
serviert werden, das Fleisch wird bei Tisch aufgeschnitten und
auf eine heiße Platte gelegt. Die Gemüse vorsichtig mischen und
sofort servieren. Dazu grünen Salat reichen (Rapunzel oder Eisbergsalat).
Die Empfehlung des Kellermeisters: ein Pinot Noir.

Lammplätzchen mit Steinpilzen

600 g Lammfilet · 400 g Steinpilze · 100 g Rindermark · 100 g blanchierter
Wirsing · 100 Karotten · 200 g Schweinsnetz

Entfernen Sie Haut und Sehnen des Lammfilets, und zerteilen Sie
es in Portionen von etwa 50 g. Das Schweinsnetz ausbreiten und
in Scheiben von ungefähr 15 cm Durchmesser schneiden. Darauf
einige Rädchen mit Riefen verzierter Karotte geben, ein Stück
Rindermark, etwas in feine Streifen geschnittene Champignons
(Julienne), ein wenig Wirsing, alles aufeinanderschichten. Das
Lammplätzchen darauflegen und das Schweinsnetz sorgfältig
darüber schließen, so daß sich eine kleine Kugel gebildet hat.
In rauchendem Öl in einer Schmorpfanne braten, mit dem Ver-
schluß nach unten. Die Plätzchen in der Pfanne glänzend anbraten und im heißen Ofen 4 bis 5 Minuten zu Ende backen. Mit
einem Lammjus und in der Pfanne gebratenen Steinpilzen servieren.

Kalbsnieren

Für 4 Personen:
2 große Kalbsnieren, vom Fett befreit
3 Stück Würfelzucker · 3 Löffel Weinessig · 3 dl Kalbsfond
½ Flasche Pinot Noir · gehackte Petersilie

Die 3 Zuckerstücke in einem schweren Schmortopf zum Schmelzen bringen, bis sie eine blonde Karamelfarbe erreicht haben.
3 Löffel Weinessig dazugeben und zu einem dicken Sirup einkochen lassen. Mit ⅔ der halben Flasche Pinot Noir ablöschen
und auf die Hälfte einkochen lassen. Den Kalbsfond dazugeben.
Einkochen lassen, bis die Sauce eine sämige, leicht sirupartige
Beschaffenheit erreicht hat und eine glänzende Farbe besitzt.
Während die Sauce einkocht, die Nieren in große Würfel schneiden und mit Salz und Pfeffer aus der Mühle würzen.
Wenn die Sauce fast fertig ist, die Nieren in einer Pfanne in sehr
heißem Fett anbraten. Unter dauerndem Wenden Farbe annehmen lassen und mit einem Schaumlöffel in die Sauce geben. 3 bis

4 Minuten kochen lassen. Die Nieren auf einer Platte anrichten. Die Sauce, wenn nötig, einkochen lassen und ein wenig des übrigen Pinot Noir dazugeben – nicht mehr weiterkochen. Die Sauce nun durch ein feines Spitzsieb über die Nieren seihen. Mit etwas gehackter Petersilie bestreuen.

Als Beilage empfiehlt sich ein Gratin Dauphinois.

Die Empfehlung des Weinkellners: ein gutgekühlter Elsässer Pinot Noir.

Kalbsbriesnüßchen in Trüffelbrühe und Zucchinikranz

Für 6 Personen:
**1 kg Kalbsbries · 1 dl Kalbsfond · 1 nußgroßes Stück konzentrierter
brauner Fleischfond · 50 g gehackte Schalotten
½ dl Trüffelbrühe und 1 große Trüffel · 100 g Butter · 6 kleine Zucchini**

Das rohe Kalbsbries säubern, das heißt, die feine Haut, von der es bedeckt ist, entfernen. Einen Eßlöffel Öl in einem Schmortopf erhitzen und die gewürzten Kalbsbriesnüßchen darin anbraten. Sobald sie Farbe angenommen haben, mit Weißwein, Kalbsfond, braunem Fleischfond, Madeira und rotem Porto ablöschen. Bei geöffnetem Topf ungefähr 10 Minuten lang im Ofen schmoren lassen und die Kalbsbriesnüßchen während des Garens regelmäßig mit dem Bratensaft begießen. Das Fleisch aus dem Schmortopf nehmen und die Sauce auf die Hälfte einkochen lassen, die Trüffelbrühe dazugeben und die Butter hineinschlagen. Beiseite stellen.

Die Zucchini mit Riefen versehen, in feine Scheiben schneiden und in Salzwasser 3 Minuten blanchieren.

In die Mitte eines Tellers die Zucchini kranzförmig aufschichten, die Kalbsbriesnüßchen dazulegen und mit der abgeschmeckten Sauce übergießen; vor dem Servieren das Fleisch mit in feine Streifen geschnittener Trüffel bestreuen.

Kalbsbries in Strudelteig

Für 6 Personen:
6 blanchierte Kalbsbriesnüßchen von je 160 g · 200 g Butter
Majoran und sehr fein geschnittene Gemüse zum Mitbraten · Kalbsfond
1 Flasche Pinot Noir von sehr guter Qualität
Für den Strudelteig:
260 g Mehl · 1 Tasse warmes Wasser · etwas Salz

Die Kalbsbriesnüßchen in ein wenig Butter anbraten, Farbe annehmen lassen. Die Gemüse dazugeben und mit Pinot Noir und Kalbsfond ablöschen. Würzen und 8 bis 10 Minuten köcheln lassen. Das Kalbsbries herausnehmen und die Sauce durch ein Spitzsieb seihen. Währenddessen das Fleisch in Medaillons schneiden und in Butter anbraten.
Den Strudelteig mit beiden Händen auf einem leicht mit Mehl bestäubten Tuch ausbreiten. Die Medaillons portionsweise einander überlappend auf den Teig legen und mit einer zweiten Teigschicht bedecken. Taschen ausschneiden und mit flüssiger Butter bepinseln. Im 190° heißen Ofen 8 bis 10 Minuten backen. Butter in die Sauce einmontieren und abschmecken.
Je nach Saison mit Waldchampignons oder Pfifferlingen mit feinen Kräutern garnieren.

Gefülltes Kalbsherz in Rotwein

Für 4 Personen:
1 Kalbsherz · 1 Liter Court-Bouillon · 1 Speckscheibe
500 g Kalbsschulter · 2 Zwiebel · 1 Eßlöffel Butter · 1 Eßlöffel Öl · 1 Ei
1 Karotte · 2 Knoblauchzehen · 100 g Sellerie · Thymian
Lorbeer · Nelken · 3 Gläser Pinot Noir · Salz · Pfeffer

Das Kalbsherz eine Stunde lang in Essigwasser wässern. Dann eine ¾ Stunde in einer Court-Bouillon kochen.
Für die Farce: 500 g in kleine Stücke geschnittene Kalbsschulter im Mixer zerkleinern, in Butter angebratene Zwiebelstückchen, Ei, Salz und Pfeffer dazugeben. Das Kalbsherz mit dieser Mischung füllen, eine Speckscheibe darum herumlegen und mit

Zwirn gut verschließen. In eine Schmorpfanne setzen, 1 fein-geschnittene Zwiebel, 2 in Rädchen geschnittene Karotten, 2 Knoblauchzehen, 100 g in grobe Stifte geschnittener Sellerie, Thymian, Lorbeer und Nelken dazugeben. Im sehr heißen Ofen Farbe annehmen lassen, dann mit 3 Gläsern Pinot Noir ab-löschen. Etwa eine halbe Stunde weitergaren lassen.

Für die Sauce: Das Bratfett abschöpfen und den Fond einkochen lassen. Abschmecken. Das Fleisch in dicke Scheiben schneiden und mit dem Bratensaft und Gemüsen servieren. Zu diesem Gericht passen frische Nudeln oder Spätzle.

Kalbsnierenrouladen mit Champignon-Füllung

1 große Kalbsniere · 2 extrem dünn geschnittene Kalbsschnitzel.
Für die Farce: 150 g Champignon-Duxelles · 2 sehr fein gehackte Schalotten
1 Eßlöffel Butter · 2 Eßlöffel dicke Crème fraîche
1 Eßlöffel sehr fein gehackte Petersilie · Salz · Pfeffer aus der Mühle

Die Niere vom Fett befreien und würzen, mit zwei Teelöffeln Butter kurz in einer Pfanne anbraten. Nicht zu Ende garen. Der Länge nach in zwei Hälften schneiden. Die Schnitzel auf einem Brett salzen und pfeffern, mit jeweils der Hälfte der Champignons-Duxelles bestreichen. Darauf je eine halbe Kalbsniere legen und die Schnitzel zu Rouladen aufwickeln und mit je vier Runden Zwirn zubinden. Mit geschmolzener Butter bepinseln und auf dem Feuer in einer Schmorpfanne anbraten. Dann in den sehr heißen Ofen schieben und 10 Minuten zu Ende garen.

Anrichten: Die Rouladen auf eine vorgewärmte Metallplatte geben, den Zwirn entfernen. Die Rouladen nicht öffnen, sondern in Scheiben aufschneiden, die Niere kommt weich und rosafar-ben zum Vorschein. Mit Gemüsen der Saison servieren.

Ideale Voraussetzungen für den Weinfreund.

Desserts

Sauerkirschragout mit Grießklößchen

Für 4 bis 6 Personen:

Eis: 250 g Quark · 10 cl Englische Creme ohne Vanille · 2 Eßlöffel dicke
Sahne · 50 g Puderzucker
Klößchen: 40 g Weizengrieß · ¼ l Milch · 1 Eßlöffel Zucker · 1 Prise Salz
Sauerkirschen: ½ l Sauerkirschen im Glas · 75 g Zucker
¼ l Crème fraîche · 50 g sehr kalte Butter · Saft einer halben Zitrone
Mandelziegel zum Servieren

Die Zutaten für das Eis miteinander vermischen und in eine Eis-
maschine geben. (Ist dieses Gerät nicht vorhanden, alle Zutaten
in die Gefriertruhe geben und dann durchmixen. Den Vorgang
zweimal wiederholen.)
Für die Grießklößchen: Die Milch mit Zucker und Salz zum
Kochen bringen, den Grieß hineinstreuen und 15 Minuten auf
schwacher Flamme unter ständigem Umrühren kochen. In eine
Schüssel gießen und abkühlen lassen.
Den Zucker zu hellem Karamel schmelzen und mit Sauerkirsch-
saft ablöschen. Um ⅓ einkochen lassen, Crème fraîche dazugeben und weiter einkochen lassen, bis die Sauce den Löffel überzieht. Den Zitronensaft und die gut abgetropften Sauerkirschen
zugeben. Noch einmal aufwallen lassen, dann vom Feuer nehmen und die in kleine Stücke geschnittene, sehr kalte Butter einarbeiten.
Mit einem Löffel aus dem Grieß kleine Klößchen abstechen und
in ein wenig Butter goldbraun braten. Sauerkirschen, Klößchen
und Sauce auf Teller verteilen. In die Mitte einen Löffel Quarkeis
geben. Mit Puderzucker überstäuben und sofort mit Mandel-
ziegeln servieren.

Brombeersuppe mit Elsässer Crémant

Für 6 Personen:
1 kg Brombeeren · 100 g Zucker · 1 dl Wasser
Puderzucker · 6 dl Elsässer Crémant · Pfefferminzblätter
Gurkenblüten (nicht unbedingt notwendig)

Die Brombeeren zu einem Früchtepüree verarbeiten: dazu einen Sirup aus Zucker und Wasser herstellen, dann 300 g Brombeeren hinzufügen und im Mixer durcharbeiten.
Gießen Sie das heiße Früchtepüree über die übrigen Brombeeren, die in tiefen Tellern bereitstehen. Überstäuben Sie die Teller mit Puderzucker, und verzieren Sie die Brombeeren mit Pfefferminzblättern und Gurkenblüten. Sofort servieren und den Crémant in Anwesenheit der Gäste in die Teller gießen; auf den Brombeeren bildet sich ein rosafarbener Schaum.

(Beim Crémant handelt es sich um einen Elsässer Schaumwein mit einem Kohlensäuredruck von weniger als 3 atü.)

Warme Apfelküchlein
mit Zwetschgen-Nuß-Konfitüre

Für 4 Personen:
300 g Blätterteig · 8 Äpfel · 150 g Butter · 100 g Puderzucker
Zwetschgen-Nuß-Konfitüre
Im Sommer als Beilage Vanilleeis bereithalten.

Die Äpfel schälen und mit Zitronensaft beträufeln, 4 Törtchenformen von 15 cm Durchmesser mit Butter ausstreichen.
Die Äpfel in Scheiben von 1 cm Dicke schneiden und die Törtchenformen damit auslegen. Mit auf 3 mm ausgerolltem Blätterteig bedecken, mit Eigelb bestreichen und 15 Minuten bei 200° im Ofen backen. Auf Teller stürzen, mit Puderzucker bestreuen und noch einmal in den sehr heißen Ofen schieben und karamelisieren lassen.
Auf jedes Küchlein einen Löffel Zwetschgen-Nuß-Konfitüre geben und warm servieren.

Einstimmung auf köstlich Deftiges.

Kleiner heißer Rhabarberstrudel und Sorbet

Für 4 Personen:
800 g frischer Rhabarber · 400 g Zucker · 250 g Mehl · 2 Eigelb
1 Eßlöffel Erdnußöl · 1 Prise Salz
2 Eßlöffel warmes Wasser · 100 g Tortenbruch oder Löffelbiskuits

Am Vortag den Rhabarber schälen, waschen und in Würfel schneiden und in 100 g Zucker Wasser ziehen lassen.
Am nächsten Tag abtropfen lassen und in 300 g Zucker 2 Minuten lang kochen lassen. Während des Abkühlens aus 250 g Mehl, 2 Eigelb, 1 Eßlöffel Erdnußöl, 1 Prise Salz und 2–3 Eßlöffel warmem Wasser einen Teig zubereiten und diesen, mit einem Handtuch bedeckt, eine ¾ Stunde bei Zimmertemperatur ruhen lassen.
Breiten Sie den Teig vorsichtig mit den Händen aus, und ziehen Sie den Strudelteig so auseinander, daß er dünn wie Zigarettenpapier wird. Mischen Sie den Tortenbruch unter den gekochten Rhabarber, und streichen Sie diese Mischung auf den Teig. Diesen zu einer Wurst aufrollen und mit geschmolzener Butter bepinseln, dann bei 220° (Thermostat 7–8) 20 Minuten im Ofen backen. Nach ¼ Stunde Backzeit mit Puderzucker überstreuen. Mit Vanillesauce und einem Rhabarbersorbet servieren.

Winzertorte

800 g Weintrauben (Gewürztraminer) · 50 g Semmelbrösel
100 g Walnußkerne oder Mandeln · 1 Prise Zimt · 75 g Zucker · ½ Glas Milch
½ Glas Crème fraîche · 2 cl Gewürztraminertrester
etwas Puderzucker
Mürbeteig: 250 g Mehl · 150 g Butter · 1 Ei · 20 g Zucker
1 Prise Salz · 5 cl Wasser

Den Teig am Vortag zubereiten und kalt stellen. Eine Backform damit auslegen und den Boden sorgfältig einstechen. Ein wenig Semmelbrösel darüberstreuen, gehackte Walnüsse oder Mandeln darauf verteilen, mit Zimt würzen und die gewaschenen, entkernten und abgetropften Weintrauben darübergeben.

Aus den 3 Eiern, dem Zucker, der Milch und der Crème fraîche eine Puddingsauce herstellen. Alles gut durchschlagen, den Gewürztraminertrester dazugeben und auf den Kuchen gießen. Im heißen Ofen 35 bis 40 Minuten backen, abkühlen lassen, mit Puderzucker bestreuen und servieren.

Gefüllte Crêpes auf Elsässer Art

Crêpes: 250g Mehl · 2 Eßlöffel Zucker · 3g Salz
2 Eßlöffel geschmolzene Butter · 3 Eier · ½ Liter Milch · 1 Vanilleschote
1 Eßlöffel Kirschwasser
Füllung für 1 Person (3 Crêpes): 2 Teelöffel Quark
2 Teelöffel geschlagene Sahne · Zucker nach Belieben · 2 dicke Erdbeeren
6 Himbeeren oder 3 Teelöffel Walderdbeeren

Stellen Sie aus dem Teig dünne und leichte Crêpes her. Mischen Sie in einer Glasschüssel Quark, Zucker, Früchte und Schlagsahne. Füllen Sie die Crêpes mit dieser Masse. Im heißen Ofen überbacken (250°C) um die Füllung anzuwärmen, mit Puderzucker bestreuen und sofort servieren.
Die Crêpes können auch mit einer Kugel Mandeleis gereicht werden.

Rieslingtrauben wie aus dem Bilderbuch.

Rhabarber-Charlotte

Für 6 Personen: 30 cl Rhabarber-Püree (in wenig Wasser gekochter
Rhabarber) · 3 Eigelb · 20 g Stärkemehl · 250 g Zucker
4 Blatt Gelatine · 30 g geschlagene Sahne und 50 g Zucker
1 Packung Löffelbiskuits (oder hausgemachte Biskuits)
3 große Rhabarberstengel, in Würfel geschnitten und leicht in Sirup gekocht

Eine Charlottenform mit den nicht angefeuchteten Löffelbiskuits
auslegen. Lassen Sie die Gelatineblätter eine Viertelstunde in
kaltem Wasser einweichen, und wärmen Sie das Rhabarber-Pür-
ree an. Vermischen Sie Zucker, Eigelbe und Stärkemehl in einer
Salatschüssel und rühren Sie, bis die Mischung weiß zu werden
beginnt. Fügen Sie dann das heiße Rhabarber-Püree hinzu, und
bringen Sie alles zum Kochen. In diesem Augenblick werden die
Gelatineblätter hineingearbeitet. Die Masse auf Zimmertemperatur abkühlen lassen. In keinem Fall in den Kühlschrank stellen,
da die Gelatine sonst Klumpen bilden würde. Währenddessen
Sahne und Zucker steif schlagen und diese Schlagsahne in die
abgekühlte Creme hineinarbeiten. Füllen Sie nun die Charlottenform mit jeweils einer Schicht Creme und einer Schicht der Rha-
barber-Würfel. Eine Nacht im Kühlschrank ruhen lassen. Stürzen Sie die Charlotte, und dekorieren Sie mit Schlagsahne.

Register

Frankreich
Das Land
und seine Küche

Mit 180 Rezepten
272 Seiten mit über 200 Farbabbildungen
Leinen mit Schutzumschlag

Frankreich für
Connaisseurs und Gourmets –
ein einmaliges Panorama
französischer Lebensart und
kulinarischer Tradition.
Mit klassischen Gerichten und
regionalen Spezialitäten.

WILHELM HEYNE VERLAG
MÜNCHEN